Täglich Gourmet

Frisch & raffiniert in 15 Minuten

HINWEISE

Alle Rezepte ergeben vier Portionen.

Viele wichtige Informationen zu exotischen Zutaten und Basisrezepten aus der asiatischen und arabischen Küche finden Sie in unseren Büchern „Exotische Köstlichkeiten. Gemüse, Früchte, Gewürze“, „Chinesisch Kochen. Die asiatische Küche frisch genießen“ und „Bismillah. Orientalische Köstlichkeiten aus Marokkos Küchen“.

Einige Gerichte enthalten Nüsse, Mandeln oder Ähnliches. Menschen, die überempfindlich oder allergisch auf Nüsse reagieren, oder solche, die Gefahr laufen eine Allergie zu entwickeln (Kleinkinder, Schwangere und stillende Frauen), sollten auf Nüsse und Nussöle verzichten. Außerdem empfehlen wir, die Packungsangaben von vorgefertigten Zutaten sorgfältig zu lesen, weil hier möglicherweise Nüsse, Mandeln oder Ähnliches enthalten sein können.
Einige Gerichte enthalten rohe oder nur leicht gegarte Eier. Schwangere, stillende Frauen, Kranke, Babys und kleine Kinder sowie ältere Menschen sollten diese Gerichte meiden.

Fleisch und Geflügel müssen gründlich durchgegart werden. Um zu prüfen, ob Geflügel gar ist, sticht man an der dicksten Stelle in das Fleisch. Der austretende Saft sollte klar, niemals rot oder rosa sein.

Im Allgemeinen verwenden wir für die Rezepte frische Kräuter. Als Ersatz dienen getrocknete Kräuter. In diesem Fall wird die angegebene Menge halbiert.

First published in Great Britain in 2005 by Hamlyn, a division of Octopus Publishing Group Ltd, 2-4 Heron Quays, London E 14 4 JP

Titel der Originalausgabe: *15-minute Feasts. Great-tasting food in no time*

Übersetzung: Stephanie Schauenburg, Starnberg
Karola Bartsch, München

Satz: primustype Hurler GmbH, Notzingen

Printed in China

ISBN 3-86528-231-8

Besuchen Sie uns auch im Internet:
www.umschau-buchverlag.de

Täglich Gourmet

Frisch & raffiniert in 15 Minuten

Sara Lewis, Tonia George
und Louise Pickford

UMSCHAU

Inhalt

Einführung

Wer kennt das nicht: Nach einem anstrengendem Arbeitstag kommen allenfalls noch die immer gleichen Standardgerichte auf den Tisch – oder aber ein ungesundes Fertiggericht. Wäre es nicht toll, sich jeden Abend mit einem raffinierten, selbst gekochten Essen zu verwöhnen? Wie wäre es mit einem *Warmen Nudelsalat mit Schweinefleisch* oder *Seebarsch mit gegrilltem Fenchel.* Und alles ist in 15 Minuten fertig!

Die 180 Rezepte in diesem Buch sind ideal für alle, die gutes Essen zu schätzen wissen, aber kaum Zeit für eine aufwendige Küche haben. Alle Gerichte sind schnell und unkompliziert zuzubereiten – und dabei immer wieder neu und anders. Das wird nicht nur Ihr Gaumen zu schätzen wissen, auch Ihre Gesundheit profitiert von fett- und salzarmen Mahlzeiten, die frei von chemischen Zusätzen, dafür aber reich an wichtigen Nährstoffen sind.

Die Rezepte

Für keines der Rezepte stehen Sie länger als 15 Minuten in der Küche. Manches muss zwar länger garen, aber während Ihr Essen im Ofen brutzelt, sitzen Sie schon mit einem Glas Wein auf dem Sofa und entspannen sich. Natürlich können Sie das meiste auch schon am Morgen so vorbereiten, dass Sie es am Abend noch einfacher haben. Sie finden Rezepte aus aller Welt und für jeden Anlass, übersichtlich gegliedert in Kapitel für Vorspeisen, Hauptgerichte und Desserts. Jedes Rezept ist für vier Personen gedacht. Wenn Sie eine der Vorspeisen als Hauptgericht essen wollen, verdoppeln Sie einfach die Mengen.

Das Geheimnis der 15-Minuten-Gerichte

Der Trick bei der Zubereitung leckerer Gerichte in kürzester Zeit ist die perfekte Planung. Kaufen Sie also Zutaten, die schnell und einfach verwendet werden können. Besonders bieten sich frische Nahrungsmittel an, die kurz gegart am allerbesten schmecken: frischer Thun- oder Schwertfisch zum Beispiel, zarte Steaks, frische Teigwaren, Garnelen, grüner Spargel oder Blattspinat.

Ein zweites Geheimnis liegt in einem gut bestückten Vorratsschrank. Mit folgenden Zutaten zaubern Sie Tag für Tag raffinierte Gerichte:

- **Stärkehaltige Vorräte:** Nudeln, Risotto- und Basmati-Reis und Couscous
- **Dosen und Gläser:** Bohnen und Linsen, gehackte Tomaten, passierte Tomaten, Thunfisch, Sardinen, Artischockenböden, eingelegte Paprika und Oliven
- **Frische Gewürze:** Ingwer, Knoblauch, Chilischoten und Kräuter. Sie alle können fertig gehackt eingefroren werden und sind so immer zur Hand
- **Andere nützliche Zutaten:** Currypaste, Sojasauce, thailändische Fischsauce, getrocknete Gewürze, verschiedene Essigsorten, Sonnenblumen-, Oliven- und Sesamöl

Tipps zur Zeitersparnis

- Selbst wenn Sie zum Kochen nur wenig Zeit haben, sollten Sie sich jede Woche ein bis zwei Stunden für einen gut geplanten Einkauf reservieren.
- Wenn es ganz schnell gehen soll, kaufen Sie fertig geputztes und geschnittenes Gemüse oder Fleisch und filetierten Fisch.
- Kochen Sie die doppelte Menge und frieren Sie die Hälfte ein. Vor allem Brühen, Saucen, Eintöpfe und Currys eignen sich hierfür.
- Auch mit vielen tiefgefrorenen Lebensmitteln lässt sich Zeit sparen. Füllen Sie Ihre Kühltruhe also mit Gemüse, Garnelen, Rinder- oder Lammgehacktem, Fertigsaucen und mit hochwertiger Eiscreme für ein schnelles Dessert.
- Schnell zu garendes Gemüse sollte immer im Haus sein: Spinat, Zucchini, Brokkoli, Tomaten oder Pilze lassen sich immer neu und lecker mit Pasta, Risotto oder Couscous kombinieren.

Suppen, Vorspeisen und Snacks

Frische Tomatensuppe mit Mandeln

Die gemahlenen Mandeln geben dieser leckeren Suppe nicht nur Geschmack, sie machen sie auch schön sämig. Am besten gelingt sie natürlich mit saftigen Sommertomaten. Die Mandeln sollten Sie bei mittlerer Hitze in einer Pfanne ohne Fett goldbraun rösten.

1 kg Strauchtomaten, grob gehackt
2 Knoblauchzehen, gepresst
300 ml Gemüsebrühe
2 EL natives Olivenöl extra
1 TL Zucker
100 g gemahlene Mandeln, geröstet
Salz, Pfeffer

Basilikumöl
150 ml natives Olivenöl extra
15 g Basilikumblätter

Grob gehackte Tomaten mit Knoblauch, Brühe, Öl und Zucker in einen Topf geben. Mit Salz und Pfeffer würzen, zum Kochen bringen und 15 Min. sanft köcheln lassen.

In der Zwischenzeit für das Basilikumöl die Blätter mit einer Prise Salz und dem Öl in einem Mixer pürieren und beiseite stellen.

Die Mandeln in die Suppe rühren und erwärmen, dann in vorgewärmten Suppentellern mit dem Basilikumöl beträufelt servieren.

Rote-Bete-Gazpacho

Schon die Farbe ist eine Sensation! Diese umwerfende kalte Suppe schmeckt noch besser, wenn man sie eine Stunde ziehen lässt. Im Voraus zubereitet und schnell serviert – stressfreier kann man ein Essen mit Gästen nicht beginnen.

500 g gekochte Rote-Bete im eigenen Saft, abgetropft und gehackt
1 kleine Zwiebel, grob gehackt
2 Knoblauchzehen, grob gehackt
2 Tomaten, grob gehackt
2 EL Kapern, abgetropft
4 Cornichon-Gürkchen, abgetropft und gehackt
25 g Semmelbrösel
600 ml Gemüsebrühe
150 ml natives Olivenöl extra
2 EL Weißweinessig
Salz, Pfeffer

ZUM SERVIEREN
Crème fraîche
gehackter Dill

Rote Bete, Zwiebel, Knoblauch, Tomaten, Kapern und Cornichons in einem Mixer weich pürieren. Semmelbrösel zugeben und nochmals mixen, dann nach und nach Brühe, Öl und Essig untermischen, bis eine sämige Suppe entsteht. Mit Salz und Pfeffer abschmecken, dann mit einem Klecks Crème fraîche, frischem Dill und schwarzem Pfeffer garniert servieren.

Lauch-Kartoffel-Suppe mit Trüffelöl

Einige Tropfen Trüffelöl machen aus dieser einfachen Suppe etwas ganz Besonderes. Geschmack und Aroma von Trüffeln sind unvergleichlich, kein Wunder also, dass selbst das Öl teuer ist. Aber schon ganz wenig genügt für einen wunderbaren Geschmack.

3 Stangen Lauch, geputzt etwa 375 g
50 g Butter
1 Zwiebel, gehackt
1 Knoblauchzehe, gepresst
300 g Kartoffeln, gewürfelt
900 ml Gemüsebrühe
Salz und Pfeffer

ZUM GARNIEREN
Trüffelöl
gehackter Schnittlauch

Den Lauch in Ringe schneiden, waschen, abtropfen lassen und mit Küchenpapier trocken tupfen.

Butter in einem Topf zerlassen. Zwiebel, Knoblauch und Lauch darin bei mittlerer Hitze 5 Min. dünsten. Kartoffeln, Brühe, Salz und Pfeffer zugeben, zum Kochen bringen, dann abgedeckt 20 Min. garen lassen.

Im Mixer oder mit dem Stab pürieren, bis die Suppe ganz glatt ist. Nochmals erwärmen und abschmecken. Mit Trüffelöl beträufeln und mit Schnittlauch garniert servieren.

Indische Gemüsesuppe

Wärmend und sättigend – das richtige Essen für kalte Winterabende. Indisches Ghee ist ähnlich wie Butterschmalz und wird traditionell zum Braten und Frittieren verwendet. Ghee gibt es in Asia-Läden und vielen Naturkostgeschäften.

40 g Ghee oder Butter
1 Zwiebel, gehackt
2 Knoblauchzehen, gepresst
2 TL frischer Ingwer, gerieben
1 große Kartoffel, gewürfelt
1 große Karotte, gewürfelt
2 TL gemahlener Koriander
1 TL gemahlener Kreuzkümmel
½ TL Garam Masala
125 g rote Linsen
600 ml Gemüsebrühe
600 ml Tomatensaft
Salz, Pfeffer

Als Beilage
Raita (Joghurtsauce)
Naan (Fladenbrot)

Ghee oder Butter in einem Topf zerlassen. Zwiebel, Knoblauch, Ingwer, Kartoffel und Karotte darin 10 Min. dünsten. Gewürze einrühren, die restlichen Zutaten dazugeben. Zum Kochen bringen und abgedeckt bei geringer Hitze 20–25 Min. simmern lassen, bis Linsen und Kartoffelwürfel gar sind.

Mit Salz und Pfeffer abschmecken und in die vorgewärmten Suppenschalen füllen. Jede Portion mit etwas Raita garnieren und mit Naan servieren.

Japanische Miso-Suppe mit Nudeln

Eine leichte, gesunde Suppe mit einem herzhaften Geschmack. Miso wird aus fermentierten Sojabohnen gewonnen und ist – wie auch Wakame-Algen und der Süßreislikör Mirin – ein Klassiker der japanischen Küche. Viele Bio-Märkte führen japanische Zutaten, wenn nicht dort, werden Sie sicher im Asia-Laden fündig.

250 g getrocknete Udon-Nudeln
150 g fester Tofu, gewürfelt
25 g getrocknete Wakame-Algen
4 Frühlingszwiebeln, fein geschnitten
1,5 l Gemüsebrühe
3 EL Miso-Paste
2 EL dunkle Sojasauce
2 EL Mirin (Süßreislikör)

Nudeln in kochendem Wasser 4 Min. kochen. Abgießen und in die vorgewärmten Suppenschalen verteilen. Darüber Tofu, Wakame und Frühlingszwiebeln geben.

Gemüsebrühe, Miso, Sojasauce und Mirin vermengen, zum Kochen bringen und 3–4 Min. sanft köcheln lassen. In die Schalen gießen und sofort servieren.

Thai-Hühnersuppe mit Kokosmilch

Rote Thai-Currypaste gibt dieser Suppe Feuer, Kaffir-Limettenblätter runden sie mit einer frischen Note ab. Die Blätter des Kaffir-Limettenbaums gibt es im Asia-Laden. Sie halten sich bis zu einem Monat im Kühlschrank oder lassen sich einfrieren.

2 EL Pflanzenöl
1–2 EL rote Thai-Currypaste
750 g Hähnchenbrustfilet ohne Haut, gewürfelt
8 Kaffir-Limettenblätter
600 ml Hühnerbrühe
200 g Buschbohnen, geputzt und halbiert
1 rote Paprika, entkernt und in Streifen geschnitten
400 ml Kokosmilch aus der Dose
1 EL Thai-Fischsauce

ZUM GARNIEREN
frischer Thai- oder normaler Basilikum
rote Chilischoten, klein geschnitten
geraspelte Kaffir-Limettenblätter

Das Öl im Wok oder in einer tiefen Pfanne erhitzen, die Currypaste zugeben und 1 Min. unter Rühren braten. Fleisch und Limettenblätter zugeben und 1 weitere Min. rühren, bis alles gleichmäßig mit Curry überzogen ist.

Brühe angießen, zum Kochen bringen und abgedeckt 15 Min. sieden. Die restlichen Zutaten zugeben und nochmals 2–3 Min. köcheln.

In vorgewärmte Schälchen geben und garniert mit Chili, Basilikum und Limettenblättern servieren.

Eintopf mit Chorizo und Bohnen

Vorbild ist eine klassische italienische Pasta e fagioli – eine Suppe mit Nudeln und Bohnen. Mit Chorizo wird daraus eine scharf-deftige Wintersuppe. Die kleinen italienischen Suppennudeln, Pastina, gibt es in hunderten von Formen – Sie haben die Wahl.

4 EL natives Olivenöl extra
1 große Zwiebel, gehackt
50 g Chorizo-Würstchen, gewürfelt
4 Knoblauchzehen, gepresst
2 EL gehackter Thymian
1,2 l passierte Tomaten
750 ml Hühnerbrühe
2 Dosen weiße Borlotti-Bohnen à 400 g, gespült, abgetropft
200 g kleine Pasta, z. B. Conchigliette
3 EL gehackter Basilikum
Salz, Pfeffer
frisch geriebener Parmesan

Öl in einem Topf erhitzen. Zwiebel, Chorizo, Knoblauch und Thymian darin 5 Min. dünsten. Passierte Tomaten, Brühe, Bohnen, Salz und Pfeffer dazugeben. Zum Kochen bringen und abgedeckt 20 Min. köcheln lassen.

Nudeln und Basilikum hineingeben und 8–10 Min. bissfest kochen. Eventuell abschmecken, dann in vorgewärmte Suppenteller geben und Parmesan darüber reiben.

Ziegenkäse auf Blätterteig

Fertiger Tiefkühlblätterteig ist ideal für die schnelle Küche. Wenn man ihn im Haus hat, lässt sich auch für unangemeldete Gäste ruck, zuck etwas zaubern. Verwenden Sie für dieses Rezept Ziegenkäse mit Rinde und nicht die weichen, cremigeren Sorten.

1 Blatt aufgetauter Blätterteig (ausgerollt ca. 25 x 25 cm)
175 g Ziegenkäse, in 4 Scheiben geschnitten
2 TL klarer Honig
4 Zweigchen Zitronenthymian
geriebene Schale ½ Zitrone
Salz, Pfeffer

Zum Garnieren
Salatblätter

Den Teig in 4 Quadrate schneiden und je ein Stück Ziegenkäse in die Mitte legen. Den Käse mit etwas Honig beträufeln, dann Thymian, Zitronenschale, Salz und Pfeffer darüber streuen.

Vorsichtig auf ein vorgeheiztes Backblech legen und im ebenfalls vorgeheizten Ofen bei 220 °C (Gas Stufe 7) 10 Min. backen. Der Teig sollte goldbraun und aufgegangen, der Käse gebräunt sein. Auf Salat anrichten und heiß servieren.

Räuchermakrelen-Pâté

Ob auf Crostinis gestrichen oder als Dip für Rohkost – diese wunderbar cremige Fisch-Pâté mit Kümmel ist ein toller Snack vor dem Essen. Im Voraus aus einer großen Räuchermakrele zubereitet und abgedeckt kalt gestellt, ist sie jederzeit servierfertig.

1 TL Kümmelsamen
200 g gehäutetes Räuchermakrelenfilet
175 g Frischkäse
1 EL Zitronensaft
4 EL Crème fraîche
2 EL Sahnemeerrettich
1 EL gehackter Schnittlauch
Salz, Pfeffer

Zum Servieren
geröstetes Roggenbrot

Kümmel ohne Fett 1–2 Min. in einer Pfanne rösten, bis er beginnt braun zu werden und zu duften. Etwas abkühlen lassen, dann mit einem Stößel zerkleinern oder in der Gewürzmühle grob mahlen.

Makrele, Frischkäse, Zitronensaft, Crème fraîche, Kümmel und Meerrettich im Mixer zu einer glatten Creme verarbeiten. Mit Salz und Pfeffer abschmecken, erneut mixen und in eine Schale geben. Bis zum Servieren kalt stellen.

Scharfe Honignüsschen

Süß, rauchig und scharf – der unwiderstehliche Geschmack der mit Honig glasierten Nüsse macht sie zum idealen Snack beim Aperitif. Besonders, wenn es sich um einen gut gekühlten, fruchtigen Sherry handelt.

25 g Butter
3 EL klarer Honig
1 TL Salz
½ TL Pimentón
(geräuchertes Paprikapulver)
1 Prise Chilipulver
2 EL Wasser
250 g Cashewkerne

Butter in einer Pfanne zerlassen. Honig, Salz, Gewürze und Wasser zugeben. Aufkochen und die Nüsse unterrühren. 4–5 Min. bei mittlerer Hitze weiterrühren, bis die Nüsse gleichmäßig glasiert und goldbraun sind.

Auf ein mit Backpapier ausgelegtes Blech geben und mit einem Holzlöffel darauf verteilen. Abkühlen lassen, ggf. auseinander brechen und zum Drink servieren.

Gebratener Halloumi mit Zitronen-Paprika-Öl

Halloumi ist ein halbweicher Schafskäse aus Zypern, wunderbar salzig-scharf und dabei bissfest und elastisch. Weil er seine Form nicht verliert, ist er perfekt zum Braten. Essen Sie ihn frisch aus der Pfanne, wenn er außen kross und innen zart schmelzend ist.

6 EL natives Olivenöl extra
4 EL Zitronensaft
½ TL Pimentón
(geräuchertes Paprikapulver)
250 g Halloumi, in Würfel geschnitten
Salz, Pfeffer

Öl, Paprika und Zitronensaft in einem Schälchen vermengen und mit Salz und Pfeffer würzen.

Eine schwere Pfanne erhitzen, den Halloumi zugeben und bei mittlerer Hitze schwenken, bis er goldbraun ist und beginnt weich zu werden. Sofort auf einen Teller geben, mit dem Paprika-Zitronen-Öl beträufeln und servieren.

Ricotta mit Kräuteröl und Radieschen

Ricotta, aromatische Kräuter und ein paar Tropfen Olivenöl – mehr braucht es nicht für eine einfache und doch edle Vorspeise. Kaufen Sie frischen Ricotta an der Delikatessentheke, er ist viel cremiger und voller im Geschmack als die abgepackten Sorten im Kühlregal.

375 g frischer Ricotta
50 ml natives Olivenöl extra
1 EL gehackte Kräuter
(Basilikum, Schnittlauch, Petersilie)
1 Bund Radieschen, gewaschen und geputzt
Salz und Pfeffer

Als Beilage
knuspriges Brot

Ricotta in dünne Scheiben schneiden und auf einem Teller anrichten. Öl, Kräuter, Salz und Pfeffer vermengen und darüber träufeln. Radieschen außen herum legen und mit knusprigem Brot servieren.

Knoblauchtoast mit Avocadocreme

Ein sättigender Snack, egal ob zum Aperitif oder als kleine Zwischenmahlzeit. Die Avocado hat die richtige Reife, wenn das schmale Ende bei Druck mit dem Daumen ein bisschen nachgibt.

3 EL natives Olivenöl extra
1 große Knoblauchzehe, gepresst
6 dicke Scheiben Baguette
1 reife Avocado
1 rote Chilischote, entkernt und fein gehackt
1 EL Limettensaft
Salz, Pfeffer

ZUM GARNIEREN
Korianderblätter

Öl und Knoblauch vermengen und auf die Brotscheiben pinseln. Auf einem Blech im vorgeheizten Ofen bei 220 °C (Gas Stufe 7) 6–8 Min. backen, bis sie goldbraun sind.

In der Zwischenzeit die Avocado halbieren, den Stein entfernen und das Fruchtfleisch in eine Schale geben. Mit einer Gabel mit Chili, Limettensaft, Salz und Pfeffer zerdrücken. Auf die Toasts verteilen und mit Koriander und etwas Öl garniert sofort servieren.

Crostini mit Fenchel und Sardellen

Unwiderstehlich knusprige Toasts sind ein Klassiker auf italienischen Vorspeisetellern. Der Belag aus salzigen Sardellen und knackigem Fenchel in einer frischen Marinade macht daraus eine sensationell leckere Vorspeise. Bereiten Sie lieber ein paar mehr vor!

12 Scheiben Baguette
1 Fenchelknolle, geputzt
1 kleine Knoblauchzehe, gepresst
2 EL gehackte Petersilie
6 EL natives Olivenöl extra
2 EL Zitronensaft
24 eingelegte Sardellenfilets, abgetropft
Salz, Pfeffer

Brotscheiben auf einem Backblech im vorgeheizten Ofen bei 220 °C (Gas Stufe 7) 8–10 Min. kross und goldbraun toasten, nach der halben Zeit wenden. Auf einem Teller anrichten.

Äußere Teile und Strunk des Fenchels entfernen, dann halbieren und in hauchdünne Scheiben schneiden. Sie benötigen ca. 100 g. Mit Knoblauch und Petersilie in eine Schale geben und gründlich mit Öl, Zitronensaft und Gewürzen verrühren.

Fenchelmischung auf die Crostini geben und je 2 Sardellenfilets darauf anrichten. Restliches Dressing darüber träufeln.

Frittata mit Salbei und Ziegenkäse

Frittata ist ein flaches italienisches Omelett, meistens mit Gemüse und Kräutern, manchmal auch mit etwas Käse darauf. Ein leichtes Mittagessen für zwei, eine Vorspeise für vier oder einfach ein schneller, herzhafter Snack zwischendurch.

25 g Butter
18 große Salbeiblätter
50 g weicher Ziegenkäse, zerkrümelt
2 EL Crème fraîche
4 Eier
Salz, Pfeffer

Als Beilage
knuspriges Brot

Butter in einer beschichteten Pfanne zergehen lassen, die Salbeiblätter darin bei geringer Hitze 1–2 Min. knusprig braten. 6 Blätter beiseite legen, den Rest mitsamt der Butter in eine Schüssel geben. Ziegenkäse und Crème fraîche gut verrühren.

Die Eier in einer Schüssel verquirlen, mit Salz und Pfeffer würzen und die Salbeibutter unterrühren. Die Pfanne wieder erhitzen (ggf. mit etwas frischer Butter), die Eiermischung hineingießen und die Ziegenkäsecreme löffelweise darauf geben.

Bei mittlerer Hitze 4–5 Min. braten, bis der Boden fest geworden ist, dann unter dem vorgeheizten Grill von oben bräunen. Mit Salbeiblättern garnieren, etwas abkühlen lassen, dann vorsichtig auf eine Platte gleiten lassen und mit knusprigem Brot servieren.

Salat mit Huhn und Avocado

Heiß geräuchertes Huhn oder Pute ist schon gar und fertig zum Verzehr. Nutzen Sie fertige Zutaten wie diese – mit ihnen lässt sich in ein paar Minuten ein toller Salat zusammenstellen. Fertige Croutons sparen noch mal Zeit, aber sie sind auch schnell selbst gemacht.

6 EL natives Olivenöl extra
4 Scheiben Brot vom Vortag, gewürfelt
500 g geräucherte Hähnchenbrust in Scheiben
3 Salatherzen (z. B. Mini-Romana oder Little Gem)
1 große, reife Avocado, geschält, entkernt und gewürfelt
25 g frisch geriebener Parmesan

Dressing
125 ml natives Olivenöl extra
2 EL Estragonessig
1 EL Senf mit ganzen Körnern
1 EL gehackter Estragon
1 TL Zucker
Salz, Pfeffer

Das Öl für die Croutons in einer Pfanne erhitzen, die Brotwürfel darin unter ständigem Rühren 5–6 Min. kross braten. Auf Küchenpapier abtropfen lassen.

Die Hähnchenbrustscheiben in kleinere Stückchen schneiden und in eine Salatschüssel geben. Avocadowürfel, Salatblätter, Croutons und Parmesan dazugeben.

Die Zutaten für das Dressing verquirlen und mit Salz und Pfeffer würzen. Über den Salat gießen, gründlich vermengen und sofort servieren.

Radicchio-Birnen-Salat mit Pecorino

Pecorino ist ein italienischer Hartkäse aus Schafsmilch. Sein nussiger Geschmack kontrastiert perfekt mit den saftig-süßen Birnen und dem bitteren Radicchio. Pecorino gibt es in den meisten Supermärkten, ersatzweise tut es aber auch Parmesan.

6 EL natives Olivenöl extra
4 Scheiben altbackenes Brot, in 1 cm große Würfel geschnitten
2 Radicchio-Herzen
2 feste, reife Birnen
100 g Pecorino-Käse, gewürfelt
einige Minzeblätter, zerpflückt

DRESSING
4 EL Haselnussöl
2 EL natives Olivenöl extra
1 EL Himbeeressig
1 Prise Zucker
Salz, Pfeffer

Öl für die Croutons in einer Pfanne erhitzen, die Brotwürfel darin 5–6 Min. unter ständigem Rühren goldbraun rösten. Auf Küchenpapier abtropfen lassen.

Radicchio zu mundgerechten Stücken zerpflücken und in eine Salatschüssel geben. Die Birnen schälen, entkernen und würfeln und zusammen mit Croutons und Minzblättern zum Salat geben.

Alle Zutaten für das Dressing in einen verschließbaren Behälter geben und gründlich schütteln. Über den Salat träufeln, umrühren und sofort servieren.

Spinatsalat mit Gorgonzola und Honigwalnüssen

Gorgonzola ist sehr würzig und dabei wunderbar cremig. Wenn Sie es etwas milder mögen, nehmen Sie einen Schimmelkäse wie den Dolcelatte. Das Aroma von Käse und gerösteten Nüssen kommt durch die süße Honigglasur perfekt zur Geltung.

1 EL klarer Honig
125 g Walnusskerne
250 g Buschbohnen, geputzt
200 g junger Spinat
150 g Gorgonzola, zerbröselt

DRESSING
4 EL Walnussöl
2 EL natives Olivenöl extra
1–2 EL Sherry-Essig
Salz, Pfeffer

Honig in einer kleinen Pfanne erhitzen, die Nüsse darin 2–3 Min. bei mittlerer Hitze rühren, bis sie glasiert sind. Auf einem Teller auskühlen lassen.

Die Bohnen in leicht gesalzenem, kochendem Wasser 3 Min. blanchieren, abgießen und kalt abschrecken, dann trocken schwenken. Mit den gewaschenen Spinatblättern in eine Schüssel geben.

Zutaten für das Dressing verquirlen, über den Salat geben und gründlich vermengen. Auf Salattellern anrichten, zum Schluss Gorgonzola und Nüsse darüber streuen und sofort servieren.

Mozzarella-Prosciutto-Salat mit Feigen

Mit Verjuice, einem Wein aus unreifen Trauben mit einem stark säuerlichen Geschmack, der wie Essig oder Zitronensaft verwendet wird, schmeckt dieser Salat besonders lecker. Da Verjuice hier sehr schwer zu bekommen ist, nehmen Sie am besten einen guten Weißweinessig mit einer Prise Zucker.

8–12 reife Feigen
250 g Büffel-Mozzarella
8 Scheiben italienischer Schinken
einige Blätter Basilikum

DRESSING
3 EL natives Olivenöl extra
1 EL Weißweinessig mit einer Prise Zucker
(idealerweise Verjuice)
Salz, Pfeffer

Die Feigen vierteln, Mozzarella und Schinken in mundgerechte Happen zerteilen und alles auf einer Platte mit dem Basilikum anrichten.

Olivenöl, Weißweinessig und Salz vermengen, mit Salz und Pfeffer abschmecken, über den Salat träufeln und sofort servieren.

Tomaten-Tarte mit Feta

Appetitlich bunt und toll im Geschmack – perfekt als Vorspeise oder Snack. Basilikumöl gibt es fertig zu kaufen, ist aber auch leicht selbst zu machen (s. S. 9). Noch einfacher: Vor dem Servieren eine Hand voll Basilikum über die Tarte streuen und mit Olivenöl beträufeln.

1 Blatt Blätterteig, aufgetaut (ausgerollt ca. 25 x 25 cm)
2 EL Tapenade (Olivenpaste)
250 g Cherry-Tomaten, halbiert
100 g Feta-Käse, gewürfelt
2 EL frisch geriebener Parmesan
2 EL Basilikumöl
schwarzer Pfeffer

ALS BEILAGE
grüner Salat

Die Ränder des Blätterteigs zurechtschneiden, dann mit der Klinge eines scharfen Messers vorsichtig einkerben, damit sie besser aufgehen. Den Rest des Teigs mit einer Gabel einstechen, dann auf ein Backblech legen.

Tapenade bis 1 cm an den Rand des Teigs streichen, Tomaten, Feta und Parmesan darüber verteilen, mit Pfeffer würzen. Backblech auf ein zweites, vorgeheiztes legen. Im vorgeheizten Ofen bei 220 °C (Gas Stufe 7) 15–18 Min. goldbraun backen.

Mit Basilikumöl beträufeln und mit grünem Salat servieren.

Thunfisch-Tatar

Da der Thunfisch in diesem Rezept nur mariniert wird, sollten Sie ganz frische Filets, am besten in Sushi-Qualität kaufen. Scharf gewürzt und in knusprig gebackene Wan-Tan-Hüllen aus dem Asia-Laden gefüllt, werden daraus raffinierte Häppchen.

250 g Thunfischfilet
1 EL frisch gehackter Koriander
1 sehr scharfe rote Chili (z. B. Birdseye), entkernt und fein gehackt
1 EL helle Sojasauce
2 TL Sesamöl
8–12 Wan-Tan-Reispapierhüllen
Szechuan-Pfeffer
Sonnenblumenöl zum Ausbacken

Thunfisch in Scheiben, dann in feine Würfel schneiden und alle Häute oder Knorpel entfernen. Mit einem großen Messer sehr fein bis breiig hacken.

In einer Schüssel mit Koriander, Chili, Sojasauce, Sesamöl und etwas Szechuan-Pfeffer vermengen. Bis zum Verzehr kühlen.

Die frischen Reispapierhüllen diagonal halbieren und in einer 1 cm hoch mit Öl gefüllten Pfanne 30 Sek. goldbraun und knusprig ausbacken. Auf Küchenpapier abtropfen lassen, dann den Thunfisch-Tatar darauf geben.

Thailändische Lachsröllchen

Ob als Vorspeise oder zum Aperitif – mit diesen raffinierten Röllchen machen Sie bei Ihren Gästen garantiert Eindruck! Süß, salzig und scharf: Das thailändische Dressing gibt dem Räucherlachs eine ungewöhnliche Note. Thailändischer Basilikum aus dem Asia-Laden hat einen feinen Anisgeschmack, aber gewöhnlicher Basilikum tut es auch.

12 Scheiben Räucherlachs
1 Gurke, geschält, in Stäbchen geschnitten
1 lange rote Chilischote, entkernt, fein geschnitten
je 1 Hand voll Koriander, Minze und Thai-Basilikum

DRESSING
2 EL süße Chilisauce
2 EL klarer Honig
2 EL Limettensaft
1 EL Thai-Fischsauce

Die Lachsscheiben vorsichtig trennen und flach auf die Arbeitsfläche legen. Gurke, Chili und Kräuter als Häufchen auf den Scheiben verteilen.

Die Zutaten für das Dressing vermengen und über die Füllung träufeln. Die Lachsscheiben um die Füllung rollen und auf einer Platte angerichtet servieren.

Leicht und gesund

Thunfisch auf warmem Bohnensalat

Außen knusprig, innen saftig rosa: Thunfisch schmeckt kurz gegrillt am besten. Etwas garer als auf diesem Bild geht auch, aber zu lang gebraten, wird er hart und zäh.

4 Thunfischsteaks
7 EL natives Olivenöl extra
2 Knoblauchzehen, gepresst
2 TL gehackter Rosmarin
1 Prise getrocknete Chiliflocken
2 Dosen Cannellini-Bohnen à 400 g, gespült und abgetropft
4 Roma-Tomaten, entkernt und gewürfelt
½ rote Zwiebel, fein gehackt
1½ EL Rotweinessig
2 EL gehackte Petersilie
Salz, Pfeffer

Zum Garnieren
Petersilienblätter

Thunfischsteaks mit etwas Öl bepinseln und mit Salz und Pfeffer würzen. 4 EL des restlichen Öls in einer Pfanne erhitzen, darin Knoblauch, Rosmarin und Chiliflocken 1–2 Min. sanft weich garen.

Bohnen, Tomaten und Zwiebel dazugeben und mit Salz und Pfeffer würzen. 5 Min. sanft erwärmen, dann vom Herd nehmen und das restliche Öl, Essig und Petersilie unterrühren.

In der Zwischenzeit die Steaks in einer Grillpfanne auf jeder Seite 45 Sek. scharf anbraten, je nach Geschmack auch länger. Aus der Pfanne nehmen, lose in Alufolie wickeln und ziehen lassen.

Bohnensalat auf 4 Teller verteilen, die Steaks in Scheiben schneiden und darauf anrichten. Mit dem Bratensaft und etwas Olivenöl beträufeln und sofort servieren.

Heilbuttfilets mit Safran, Tomaten und Orange

In Alufolie gegart behalten die fleischigen Heilbuttfilets all ihre wunderbaren Aromen und Säfte. Vorsicht beim Öffnen der Folienpäckchen: Der entweichende Dampf ist sehr heiß!

4 EL Orangensaft
1 Prise Safran
4 Heilbuttfilets à 200 g
2 EL natives Olivenöl extra
3 reife Tomaten, gewürfelt
2 Knoblauchzehen, fein gehackt
4 EL trockener Sherry
4 Zweigchen Basilikum
geriebene Schale ½ Orange
Salz, Pfeffer

Als Beilage
Kartoffelpüree

Orangensaft und Safran in ein Schälchen geben und beiseite stellen. Je ein Heilbuttfilet in die Mitte eines großen Folienrechtecks legen. Die Seiten der Alufolie nach oben ziehen, so dass eine Schale entsteht.

Öl, Tomaten, Knoblauch, Sherry, Basilikum, Orangenschale und mit Safran gewürzten Orangensaft auf die vier Filets verteilen und großzügig mit Salz und Pfeffer würzen. Die Folie über dem Fisch zusammenfalten und die Päckchen fest verschließen.

Auf ein Backblech legen und im vorgeheizten Ofen bei 190 °C (Gas Stufe 5) 10 Min. braten. Aus dem Ofen nehmen und weitere 5 Min. ziehen lassen. Die Päckchen vorsichtig öffnen und ihren Inhalt auf vorgewärmte Teller gleiten lassen. Mit Kartoffelpüree servieren.

Asia-Pitta mit gegrilltem Huhn

Ein toller Snack oder schneller Lunch! Der Clou daran ist das feine Aroma der Korianderwurzel aus der thailändischen Küche. Also kaufen Sie frischen Koriander im Bund, denn der abgepackte hat meist keine Wurzeln mehr.

8 Korianderwurzeln, grob gehackt
1/4 TL frisch geriebene schwarze Pfefferkörner
2 große Knoblauchzehen, grob gehackt
1 EL Thai-Fischsauce
1 EL helle Sojasauce
2 TL Zucker
500 g Hähnchenfilet ohne Haut, gewürfelt
4 Pittas (Fladenbrote)
Salatblätter
Basilikum, Minze und Korianderblätter
süße Chilisauce

Korianderwurzel, Pfeffer und Knoblauch mit dem Stößel oder in der Gewürzmühle zu einer Paste verarbeiten. Fischsauce, Sojasauce und Zucker darunter rühren. Das Hähnchenfleisch darin wenden, auf 8 Metallspieße stecken und mindestens 1 Std. marinieren.

Die Spieße auf einem Rost unter dem vorgeheizten Grill 3–4 Min. auf jeder Seite grillen, bis sie gar und gebräunt sind. Mit Folie abgedeckt 5 Min. ziehen lassen.

Die leicht getoasteten Fladenbrote mit Salat und Kräutern füllen, dann das Fleisch von den Spießen hineingeben und mit etwas süßer Chilisauce würzen.

Warmer Nudelsalat

Malloreddus heißen die kleinen, reisförmigen Nudeln, die man häufig für italienische Suppen verwendet. Mit Erbsen, eingelegten Artischockenböden und frischen Kräutern wird aus ihnen ein unvergleichlich frischer, warmer Salat.

250 g Malloreddus oder Orzo-Pasta
250 g Tiefkühlerbsen, aufgetaut
6 EL natives Olivenöl extra
6 Frühlingszwiebeln, geputzt und grob gehackt
2 Knoblauchzehen, gepresst
8 eingelegte Artischockenböden, in dicke Scheiben geschnitten
4 EL gehackte Minze
Schale und Saft ½ Zitrone
Salz, Pfeffer

Zum Garnieren
Zitronenschale

Malloreddus in einem Topf mit leicht gesalzenem Wasser 6 Min. kochen. Die Erbsen dazugeben und 2–3 Min. mitkochen, bis beides gar ist, dann abgießen und gut abtropfen lassen.

In der Zwischenzeit 2 EL Öl in einer Pfanne erhitzen. Frühlingszwiebeln und Knoblauch darin 1–2 Min. unter Rühren dünsten, dann die Pasta mit Artischocken, Minze und dem restlichen Öl darunter rühren.

Gut vermischen, mit Salz und Pfeffer würzen und 10 Min. ziehen lassen. Zum Schluss den Zitronensaft zugeben, mit Zitronenschale garnieren und warm servieren.

Soba-Nudelsalat mit Sesamdressing

Die Buchweizennudeln Soba sind unter den japanischen Teigwaren wohl die bekanntesten. Sie sind dunkler als Eiernudeln, Geschmack und Konsistenz sind charakteristisch. Grüne Buchweizennudeln, Chasoba, enthalten grünen Tee. Beide Sorten bekommen Sie in Feinkostgeschäften oder Asia-Märkten.

400 g Soba-Nudeln, getrocknet
250 g dünner grüner Spargel, geputzt
6 Frühlingszwiebeln, geputzt, fein geschnitten
50 g junger Spinat

DRESSING
75 g Sesamkörner
3 EL Zucker
3 EL dunkle Sojasauce
125 ml Wasser

Nudeln in leicht gesalzenem Wasser 4 Min. kochen. Abgießen, kalt abschrecken und abtropfen lassen. Den Spargel 2 Min. weich dämpfen, abgießen, abschrecken und trocken tupfen.

Für das Dressing die Sesamkörner in einer Gewürz- oder Kaffeemühle zu feinem Pulver zermahlen, dann in einem Schälchen mit den restlichen Zutaten verquirlen.

Nudeln, Spargel, Frühlingszwiebeln und Spinat in Salattellern anrichten, das Dressing darüber gießen und sofort servieren.

Spinatsuppe mit Reis

Die pochierten Eier machen aus dieser herzhaften Suppe eine vollwertige Mahlzeit. Wenn Sie die Eier direkt in der Suppe pochieren, sparen Sie übrigens nicht nur beim Kochen Zeit, sondern auch beim Abwasch.

2 EL natives Olivenöl extra
1 Zwiebel, fein gehackt
2 Knoblauchzehen, fein gehackt
300 g junger Spinat
900 ml Gemüsebrühe
175 g Arborio-Reis
4 Eier
Salz, Pfeffer
dazu je nach Geschmack frisch geriebener Parmesan

Das Öl in einem Topf erhitzen. Zwiebel und Knoblauch darin sanft weich dünsten. Die grob zerkleinerten Spinatblätter unter Rühren mitdünsten, bis sie zusammenfallen.

Brühe und Reis zugeben und mit Salz und Pfeffer würzen. Zum Kochen bringen, dann abgedeckt 15 Min. köcheln lassen, bis der Reis gar ist.

Die Eier vorsichtig aufschlagen und in die Suppe gleiten lassen, so dass sie an der Oberfläche schwimmen. Mit einem sauberen Deckel verschließen und 5–6 Min. sanft pochieren. In vorgewärmten Suppentellern mit etwas Olivenöl und ggf. Parmesan servieren.

Würziger Schwertfisch mit Fenchel-Minze-Salat

Schwertfisch ist wunderbar fleischig und braucht nur ganz kurz gegart zu werden. Zu lange gebraten wird er leicht trocken und hart. Ähnlich wie bei Steaks schmeckt auch Fisch besonders saftig und zart, wenn man ihn vor dem Essen einige Minuten ruhen lässt.

2 TL gestoßene Koriandersamen
4 Schwertfischsteaks à 200 g
4–6 EL natives Olivenöl extra
1 große Fenchelknolle, geputzt
1 Knoblauchzehe, fein geschnitten
2 EL kleine, in Salz eingelegte Kapern, abgespült
1 Hand voll Minzeblätter
1–2 EL Zitronensaft
Salz, Pfeffer

ALS BEILAGE
Rucola-Salat

Koriander mit etwas Salz und Pfeffer vermengen. Die Steaks mit etwas Öl bepinseln und mit der Würzmischung einreiben.

Die harte äußere Schicht des Fenchels entfernen, dann die Knolle halbieren, den Strunk herausschneiden und den Rest in hauchdünne Scheiben schneiden. Mit Knoblauch, Kapern, Minze, dem restlichen Öl und Zitronensaft in eine Schüssel geben und vermengen. Mit Salz und Pfeffer abschmecken.

Die Schwertfischsteaks in einer geriffelten Grillpfanne 1½ Minuten auf jeder Seite braten, dann in Folie gewickelt 5 Min. ruhen lassen. Mit Fenchelsalat, Rucola und dem Bratensaft aus der Folie servieren.

Salat mit Räucherforelle

Eine raffinierte Kombination: würzige Forelle, süße Mango, frische aromatische Kräuter und scharfe Chili. Aber Vorsicht: Die kleinen Birdseye-Chilis aus der thailändischen Küche sind extrem scharf! Der Salat genügt für vier Snack-Portionen oder zwei Hauptspeisen.

500 g geräucherte Forellenfilets, gehäutet und zerpflückt
1 reife Mango, geschält und in Scheiben geschnitten
4 Frühlingszwiebeln, geputzt und in Scheiben geschnitten
1–2 rote Birdseye-Chilis, entkernt und in Ringe geschnitten
1 Hand voll Minzeblätter
1 Hand voll Korianderblätter
4 EL geröstete Cashewkerne, grob gehackt

DRESSING
2 EL Zucker
2 EL Limettensaft
2 EL thailändische Fischsauce
2 EL Wasser
1 TL frisch geriebener Ingwer
1 TL Sesamöl

Mit dem Dressing beginnen. Zucker, Limettensaft, Fischsauce, Wasser und Ingwer zusammen erwärmen, bis sich der Zucker aufgelöst hat. Abkühlen lassen, mit dem Öl verrühren.

Forelle in eine Salatschüssel geben, Mango, Frühlingszwiebeln, Chili und Kräuter dazugeben und mit dem Dressing übergießen. Zum Schluss die Cashewkerne darüber streuen.

Zypriotischer Salat

Eine köstliche Variante des klassischen griechischen Salats: Statt Feta-Würfeln wird gebratener Halloumi, ein Schafskäse aus Zypern verwendet (s. S. 21). Mit knackigen Salaten, würzigen Oliven und frischem Zitronensaft einfach göttlich!

6 reife Tomaten, grob gehackt
1 Gurke, halbiert, in dicke Scheiben geschnitten
1 rote Zwiebel, fein geschnitten
125 g Kalamata-Oliven
natives Olivenöl extra zum Beträufeln
Zitronensaft zum Beträufeln
1 TL getrockneter Oregano
250 g Halloumi-Käse
Salz, Pfeffer

Tomaten, Gurke, Zwiebel und Oliven in eine Salatschüssel geben und nach Geschmack mit Olivenöl und Zitronensaft beträufeln. Mit Salz und Pfeffer würzen, gut vermischen und auf 4 Salatteller verteilen.

Halloumi in 8 Scheiben schneiden, etwas Öl in einer schweren Pfanne erhitzen und den Käse darin auf jeder Seite 1 Min. goldbraun schmelzend anbraten. Auf den Salat legen, mit Öl beträufeln und sofort servieren.

Gebratenes Schweinefilet mit Pesto

Mageres, zartes Schweinefilet ist für Gesundheitsbewusste immer eine sehr gute Wahl. Aber dieses Rezept mit einem Petersilie-Mandel-Pesto schmeckt auch mit Koteletts wunderbar.

2 Schweinefilets, je 400 g
6 EL natives Olivenöl extra
50 g geschälte Mandeln
1 Knoblauchzehe, gepresst
1 Bund glatte Petersilie
2 EL frisch geriebener Parmesan
Salz, Pfeffer

Als Beilagen
gekochte Frühkartoffeln
grüner Salat

Knorpel oder Sehnen vom Fleisch schneiden, die Filets halbieren und mit Salz und Pfeffer würzen. 1 EL Öl in einer Pfanne erhitzen und darin die Filets rundum 2–3 Min. anbraten. Das Fleisch in einen Bräter legen und im vorgeheizten Ofen bei 190 °C (Gas Stufe 5) 15 Min. braten. Aus dem Ofen nehmen, in Alufolie wickeln und 5 Min. ruhen lassen.

In der Zwischenzeit die Mandeln in einer sauberen Pfanne unter Rühren braun rösten, dann etwas abkühlen lassen. Mit Knoblauch, Petersilie, dem restlichen Öl, Salz und Pfeffer in den Mixer geben und zu einer glatten Paste verarbeiten. Den Parmesan unterrühren und ggf. nachwürzen.

Filets in Scheiben schneiden, mit Kartoffeln und Salat auf Tellern anrichten, mit dem Bratensaft übergießen und einige Löffel Pesto darüber geben.

Miso-Lachsspieße mit Gurkensalat

Die japanische Würzpaste Miso gibt es mit verschiedenen Zutaten und in verschiedenen Geschmacksrichtungen. Für dieses Rezept sollten Sie rotes oder braunes Miso verwenden und nicht das mildere weiße. Spieße sind eine schnelle und einfache Art, Lachs zuzubereiten, Sie können aber auch ganze Filets grillen – dann aber auf jeder Seite 2 Min. länger.

2 EL dunkle Sojasauce
2 EL Sake oder trockener Sherry
2 EL klarer Honig
2 EL Miso
4 Lachsfilets à 200 g ohne Haut, in Würfel geschnitten
2 kleine Gurken, in Scheiben geschnitten
1 sehr scharfe Chili (z.B. Birdseye), entkernt, fein gehackt

Als Beilage
gekochter Reis

Dressing
3 EL Reisweinessig
3 EL Zucker
3 EL Wasser
½ TL Salz

Sojasauce, Sake bzw. Sherry, Honig und Miso glatt rühren und in einen tiefen Teller geben. Lachs darin so lange wie möglich marinieren, gelegentlich umrühren.

Die Zutaten für das Dressing in einem kleinen Topf sanft erwärmen, bis sich der Zucker auflöst. Abkühlen lassen, dann mit Gurken und Chili vermengen.

Lachswürfel auf 4 Spieße stecken. Unter dem vorgeheizten Grill auf jeder Seite 3–4 Min. grillen, bis sie gebräunt und gar sind. Mit dem Gurkensalat und Reis servieren.

Pochiertes Huhn in Gemüsebrühe

Am besten gelingt dieses Rezept mit einem hochwertigen, frischen Hühnerfond. Sie bekommen ihn im Feinkostregal der meisten Supermärkte oder beim Metzger.

2 EL natives Olivenöl extra
1 Zwiebel, fein gehackt
1 Knoblauchzehe, fein gehackt
150 ml trockener Weißwein
600 ml frischer Hühnerfond
4 große Hähnchenbrustfilets ohne Haut, je ca. 200 g
200 g tiefgekühlte dicke Bohnen, aufgetaut
200 g Tiefkühlerbsen, aufgetaut
4 EL gehackte Kräuter (Schnittlauch, Oregano, Petersilie)
Salz, Pfeffer

Das Öl in einer Schmorpfanne erhitzen, Zwiebel und Knoblauch darin 5 Min. sanft dünsten. Wein angießen und auf die Hälfte einkochen. Den Fond und die Filets dazugeben und erhitzen, bis die Brühe sanft köchelt. Deckel schließen, das Fleisch 8 Min. garen, dann herausnehmen und in Folie gewickelt warm stellen.

Bohnen und Erbsen zugeben und 2–3 Min. weich kochen. Dann die Kräuter dazugeben und mit Salz und Pfeffer abschmecken. Brühe und Gemüse in 4 Suppenteller verteilen, das Fleisch hineingeben und sofort servieren.

Gebratene Meeräsche
mit Orangen-Oliven-Salat

Sommerlich frisch und appetitlich bunt – ein idealer Lunch für Gäste. Der leicht scharfe Salat mit Orangen, Zimt und Oliven schmeckt exotisch nordafrikanisch. Braten Sie kleine Fischfilets immer zuerst auf der Hautseite, so rollen sie sich nicht in der Pfanne. Statt der Meeräsche können Sie auch Brasse oder Forelle verwenden.

3 große Orangen
50 g Rosinen
1/4 TL gemahlener Zimt
5 EL natives Olivenöl extra
1 große Hand voll glatter Petersilie
100 g grüne Oliven
4 Meeräschenfilets à 150 g
Salz, Pfeffer

Den Saft einer Orange auspressen und mit Rosinen, Zimt und 4 EL Olivenöl vermengen, dann 10 Min. ziehen lassen.

Die restlichen Orangen schälen und zerteilen, größere Schnitze halbieren. Orangen, Petersilienblättchen und Oliven in eine Salatschüssel geben und mit Salz und Pfeffer würzen.

Fischfilets auf beiden Seiten mit dem restlichen Öl bepinseln und mit Salz und Pfeffer würzen. Eine schwere Bratpfanne erhitzen und die Filets darin zuerst auf der Hautseite 2 Min. braten. Wenden und weitere 2 Min. braten, dann auf Tellern anrichten und kurz ruhen lassen.

Das Dressing gründlich mit dem Salat vermengen und den Salat mit dem Fisch servieren. Je nach Geschmack mit etwas zusätzlichem Öl beträufeln.

Pommes frites mit Grilltomaten-Sauce

Ein toller Snack für alle, die Pommes lieben, sie aber wegen des vielen Fetts kaum essen. Hier werden die Kartoffelschnitze in Gewürzen und Eiweiß gewendet und gebacken statt frittiert: außen schön knusprig und innen weich und locker! Verwenden Sie am besten eine vorwiegend fest kochende Sorte.

8 Kartoffeln, je ca. 150 g
2 Eiweiß
1 TL gemahlener Paprika
1 Prise Cayenne-Pfeffer
Salz, Pfeffer
Olivenöl-Spray

Tomatensauce
4 reife Tomaten
2 Knoblauchzehen
1 rote Zwiebel, geviertelt
4 EL natives Olivenöl extra
1 EL Limettensaft
2 EL frisch gehackter Koriander

Die Kartoffeln in grobe Schnitze schneiden und in eine Schüssel geben. Eiweiß schaumig schlagen und unter die Kartoffeln rühren. Gewürze und reichlich Salz und Pfeffer dazugeben und nochmals verrühren, so dass die Kartoffeln gleichmäßig benetzt sind.

Backblech mit Backpapier auslegen und mit Olivenöl besprühen, die Kartoffeln darauf verteilen und im vorgeheizten Ofen bei 230 °C (Gas Stufe 8) etwa 45 Min. backen, bis sie goldbraun sind, dabei mehrmals wenden.

Die Tomaten für die Sauce unter dem vorgeheizten Grill 1–2 Min. von beiden Seiten bräunen, bis die Haut aufplatzt. Knoblauchzehen und Zwiebeln auf langen Metallspießen 3–4 Min. braun und gar grillen.

Tomaten schälen, entkernen und fein hacken, Knoblauch schälen und pressen, Zwiebel fein hacken. In einer Schüssel mit den restlichen Zutaten, Salz und Pfeffer vermengen und zu den Kartoffeln servieren.

Bruschetta mit Sardellen und Brokkoli

Zarter junger Brokkoli, in ein deftiges Sardellendressing getaucht, ist ein köstlicher Belag für knusprige Bruschetta – gleich ob für ein leichtes Essen oder einen herzhaften Snack.

4 EL natives Olivenöl extra
1 Prise Chiliflocken
abgeschälte Schale 1 Zitrone
2 Knoblauchzehen, gepresst
4 Sardellenfilets in Öl, abgetropft, gehackt
625 g zarter, junger Brokkoli, zerteilt
1 EL Zitronensaft
4 Scheiben Sauerteigweißbrot
Salz, Pfeffer

ZUM GARNIEREN
Parmesanstücke

Öl in einem kleinen Topf erhitzen. Chili, Zitronenschale, Knoblauch und Sardellen 1–2 Min. sanft darin dünsten, bis alles weich, aber nicht gebräunt ist. Die Sardellen sollten sich beginnen aufzulösen.

Brokkoli in leicht gesalzenem Wasser 3 Min. knapp gar kochen. Gründlich abtropfen lassen und zurück in den Topf geben. Mit der Sardellenmischung, Zitronensaft und etwas Pfeffer verrühren, bis er gleichmäßig mit Sauce überzogen ist.

Zwischenzeitlich das Brot auf beiden Seiten toasten. Auf Tellern anrichten und mit der Brokkolimischung belegen. Mit Parmesanstücken garniert servieren.

Marsala-Entensalat mit gebratenen Pfirsichen

Marsala ist ein italienischer Süßwein mit einem intensiven, süß-herben Aroma. Man bekommt ihn in Supermärkten und Weinhandlungen, kann aber stattdessen auch Portwein verwenden. Die Haut des Entenbrustfilets löst man zuerst mit einem scharfen Messer und zieht sie dann mit der Hand ab.

4 Pfirsiche, entkernt und geviertelt
1 EL Zucker
½ TL gemahlener Zimt
4 Entenbrustfilets, je ca. 250 g, gehäutet
4 EL natives Olivenöl extra
50 ml Marsala
2 EL Balsamico-Essig
Salz, Pfeffer

Als Beilage
Salatblätter

Die Pfirsiche mit der Schnittfläche nach oben in einen Bräter legen. Zucker und Zimt vermischen und gleichmäßig über die Pfirsiche streuen, dann im vorgeheizten Ofen bei 220 °C (Gas Stufe 7) etwa 15 Min. backen, bis sie weich sind, aber noch nicht zerfallen.

In der Zwischenzeit die Entenfilets mit Salz und Pfeffer würzen. 1 EL Öl in einer Pfanne erhitzen und 3–4 Min. auf jeder Seite anbraten. Aus der Pfanne nehmen, locker in Alufolie wickeln und 5 Min. ruhen lassen.

Marsala und Essig vermischen, in die Pfanne geben und auf die Hälfte einkochen lassen. Dann in einer Schüssel mit Bratensaft und dem restlichen Öl verquirlen und mit Salz und Pfeffer würzen.

Entenbrustfilets in dünne Scheiben schneiden und mit Pfirsichen und Salatblättern auf Tellern anrichten. Mit der Sauce übergießen und sofort servieren.

Pasta mit gerösteten Cherry-Tomaten und Ricotta

Dieses pikante, nach Kräutern schmeckende Nudelgericht können Sie mit jeder Art von Pasta machen. Halten Sie sich dabei einfach an die auf der Packung angegebenen Kochzeiten.

500 g Cherry-Tomaten, halbiert
4 EL natives Olivenöl extra
2 EL gehackter Thymian
4 Knoblauchzehen, in Scheiben geschnitten
1 Prise rote Chiliflocken
400 g Pasta
1 Bund Basilikumblätter, zerpflückt
125 g Ricotta, zerbröselt
Salz, Pfeffer

Tomaten in einen Bräter geben, mit Öl beträufeln und mit Thymian, Knoblauch, Chili, Salz und Pfeffer bestreuen. Im vorgeheizten Ofen bei 200 °C (Gas Stufe 6) 15–20 Min. braten, bis die Tomaten weich sind und der Saft austritt.

In der Zwischenzeit die Pasta in leicht gesalzenem Wasser kochen. Abgießen und zurück in den Topf geben.

Die Tomaten samt Saft und dem Großteil des Basilikums zu den Nudeln geben und vorsichtig verrühren. Mit Salz und Pfeffer abschmecken und in tiefe Teller geben. Den restlichen Basilikum hacken, mit dem Ricotta vermengen und mit Salz und Pfeffer abschmecken. In einem Schälchen zu der Pasta servieren.

Spaghetti mit Thai-Gewürzen

So lecker wie dieses pikant-aromatische Gericht kann Multikulti sein! Italienische Pasta und beißend scharfe asiatische Zutaten sind eine unwiderstehliche Kombination. Als Vorspeise oder – mit einem knackigen grünen Salat – als leichtes Mittagessen.

250 g Spaghetti
4 EL natives Olivenöl extra
2 TL Sesamöl
2 Knoblauchzehen, klein geschnitten
½ TL frisch geriebener Ingwer
2 sehr scharfe rote Chilis (z.B. Birdseye), entkernt und fein gehackt
geriebene Schale und Saft von 2 Limetten
1 Bund frischer Koriander, gehackt
1 Hand voll Thai- oder normalen Basilikum
Salz, Pfeffer

Pasta in einem großen Topf in leicht gesalzenem Wasser 10–12 Min. bissfest kochen. 4 EL Nudelwasser aufheben, Nudeln abgießen und zurück in den Topf geben.

In der Zwischenzeit die Öle zusammen in einer Pfanne erhitzen und darin Knoblauch, Ingwer, Chili und Limettenschale 30 Sek. sanft dünsten, bis der Knoblauch zu duften beginnt. Das Nudelwasser unterrühren und aufkochen.

Mit Nudeln, Kräutern und Limettensaft vermengen und einige Sek. erwärmen. Mit Salz und Pfeffer abschmecken und sofort servieren.

Lamm in Pfefferkruste auf Salat

Saftige Lammscheiben mit Pfefferkruste sind ein köstlicher Höhepunkt für den schlichten Salat aus Brunnenkresse und Rote Bete. Verwenden Sie saftige Filetstücke mit Fettkern oder Mignon-Filets aus dem Rücken des Tieres, sie sind besonders süß und zart.

2 TL frisch gemahlener Pfeffer
2 TL Salz
2 TL gemahlener Kümmel
2 Lammlendenfilets, je ca. 250 g
natives Olivenöl extra zum Einpinseln
75 g Brunnenkresse
250 g gekochte Rote Bete im eigenen Saft, abgegossen und gewürfelt

MINZJOGHURT
125 g griechischer Joghurt
1 EL gehackte Minze

DRESSING
1 EL Walnussöl
1 TL Weißweinessig
Salz, Pfeffer

Pfeffer, Salz und Kümmel auf einem Teller vermengen. Die Lammlenden mit dem Öl einpinseln und vorsichtig im Pfeffergemisch wenden. In einer heißen Pfanne auf jeder Seite 3–4 Min. anbraten, dann lose in Alufolie wickeln und 5 Min. ruhen lassen.

Joghurt und Minze in einer Schale mischen und mit Salz und Pfeffer würzen. Brunnenkresse und Rote Bete vermengen und mit Walnussöl und Weißweinessig anmachen. Lammfilets in Scheiben schneiden und mit Salat und Joghurt-Dressing servieren.

Gedämpfte Garnelen auf chinesische Art

Dämpfen ist ideal für eine gesunde Ernährung, weil man fast ohne Fett auskommt und alles dabei schön saftig wird. Die Garnelen werden vor dem Dämpfen in Reiswein, Sojasauce und aromatischen Gewürzen mariniert, so schmecken sie einfach köstlich!

20 rohe Riesengarnelen, geschält und geputzt
2 EL chinesischer Reiswein oder trockener Sherry
2 EL helle Sojasauce
2 EL Wasser
geriebene Schale und Saft von 1 Limette
2 rote, sehr scharfe Chilis (z. B. Birdseye), entkernt und zerkleinert
2 Knoblauchzehen, zerkleinert
1 Stück frischer Ingwer (ca. 2,5 cm), geschält und zerkleinert
je 1 EL frischer gehackter Koriander, Basilikum und Minze
1 EL Erdnussöl
2 TL Sesamöl

Als Beilage
gekochter Reis

Garnelen, Reiswein oder Sherry, Sojasauce, Wasser, Limettenschale und -saft, Chili, Knoblauch und Ingwer in einer Schale mischen und die Garnelen möglichst 30 Min. marinieren.

Einen ofenfesten Teller oder ein Stück Alufolie mit aufgebogenem Rand in einen Dämpfer geben. Garnelen und Marinade darauf legen.

Deckel schließen und 4–5 Min. gar dämpfen. Auf einer vorgewärmten Platte mit den Kräutern bestreuen.

Erdnuss- und Sesamöl in einer kleinen Pfanne erhitzen, bis sie rauchen, sofort über die Garnelen träufeln und servieren.

Gebratener Schnapper fernöstlicher Art

Traditionell würde man den ganzen Fisch im Bambuskorb dämpfen. Hier wickeln wir ihn stattdessen in Folie und braten ihn im Ofen. Das Ergebnis ist ähnlich: ein wunderbar saftiger Fisch mit zartem Geschmack.

1,25 kg Rotbarsch, geschuppt und ausgenommen
4 große Frühlingszwiebeln, fein geschnitten
25 g frischer Ingwer, geschält und fein geschnitten
2 Knoblauchzehen, fein geschnitten
100 ml Fischfond
100 ml chinesischer Reiswein oder trockener Sherry
4 EL helle Sojasauce
2 TL Zucker
1 TL Sesamöl
Pfeffer

Zum Garnieren

frische Korianderblätter

Als Beilage

gekochter Reis

Den Fisch mit einem scharfen Messer auf jeder Seite 4-mal aufschlitzen, mit etwas Pfeffer würzen. In die Mitte eines großen Stücks Alufolie legen und die Ränder der Folie hochziehen. Frühlingszwiebeln, Ingwer und Knoblauch auf dem Fisch verteilen.

Fond, Wein oder Sherry, Sojasauce, Zucker und Sesamöl verrühren und über den Fisch gießen. Die Folie über dem Fisch fest verschließen.

Auf einem Backblech im vorgeheizten Ofen bei 220 °C (Gas Stufe 7) 25 Min. braten. Aus dem Ofen nehmen und 5 Min. ziehen lassen, dann vorsichtig auf eine Platte heben, mit dem Sud übergießen, mit Koriander garnieren und mit Reis servieren.

Gegrilltes Hähnchenfilet mit Koriander-Salsa

Damit das Fleisch außen schön knusprig und innen zart und saftig wird, sollten Sie die Grillpfanne stark vorheizen und auf mittlere Hitze reduzieren, sobald Sie das Huhn hineingeben.

2 EL dunkle Sojasauce
2 TL Sesamöl
1 EL Olivenöl
2 TL klarer Honig
1 Prise rote Chiliflocken
4 große Hähnchenbrustfilets à 200 g ohne Haut

Salsa
1 rote Zwiebel, gewürfelt
1 kleine Knoblauchzehe, gepresst
1 Bund Koriander, grob gehackt
geriebene Schale und Saft von 1 Zitrone
1 TL gemahlener Kreuzkümmel
Salz, Pfeffer

Als Beilage
gewürfelte Tomaten und gedämpfter Couscous

Sojasauce, Sesamöl, Olivenöl, Honig und Chili in einem tiefen Teller verrühren. Filets am Stück hineinlegen, wenden, abdecken und so lange wie möglich marinieren.

In einer vorheizten Grillpfanne 8 Min. auf jeder Seite scharf anbraten, bis sie dunkel gegrillt und gar sind. In Folie gewickelt 5 Min. ruhen lassen.

Die Zutaten für die Salsa vermengen und mit Salz und Pfeffer abschmecken. Etwas ziehen lassen, dann in einem kleinen Topf kurz aufkochen, vom Herd nehmen und warm halten.

Hähnchen aufgeschnitten mit Couscous und Tomaten anrichten und mit Marinade und Salsa beträufeln.

Bohnen in Hoisin-Sauce

In China würde man die Bohnen frittieren und in der Sauce kochen, wir blanchieren sie nur, das ist viel gesünder. Hoisin-Sauce aus dem Asia-Laden hat einen wunderbar vollen, intensiven Geschmack.

500 g grüne Bohnen, geputzt
2 EL Pflanzenöl
2 Knoblauchzehen, zerkleinert
2 große, rote Chilis, halbiert und entkernt
6 EL Hoisin-Sauce
1 TL Salz

Als Beilage
gekochter Jasmin-Reis oder Nudeln

Bohnen in einem großen Topf mit kochendem, leicht gesalzenem Wasser 2 Min. blanchieren, gut abtropfen lassen.

Öl im Wok oder einer tiefen Pfanne erhitzen, Knoblauch und Chili kurz darin anbraten, dann Bohnen, Hoisin-Sauce und Salz dazugeben. Bei hoher Temperatur 1–2 Min. pfannenrühren, bis die Bohnen weich und ganz mit Sauce bedeckt sind. Sofort mit Reis oder Nudeln servieren.

Gemüse-Frittata

Damit es nicht so fettig wird, wird die Eier-Gemüse-Mischung nicht in der Pfanne gebraten, sondern im Ofen gebacken. So wird die Frittata wunderbar leicht und doch herzhaft. Nicht direkt heiß aus dem Ofen, sondern nur gut warm servieren.

250 g grüner Spargel, geputzt und halbiert
1 EL natives Olivenöl extra
2 Lauchstangen, geputzt und in Ringe geschnitten
2 Knoblauchzehen, gepresst
2 EL gehackter Basilikum
6 Eier
2 EL Milch
2 EL frisch geriebener Parmesan
Salz, Pfeffer

Spargel in leicht gesalzenem, kochendem Wasser 2 Min. garen, dann abgießen und trocken schwenken. In der Zwischenzeit Öl in einer Pfanne erhitzen und darin Lauch und Knoblauch 5 Min. weich dünsten. Spargel und Basilikum zugeben und vom Herd nehmen.

Eier und Milch verquirlen und mit Salz und Pfeffer würzen. Mit dem Gemüse verrühren und in eine gefettete Auflaufform (1,2 l) füllen. Mit Parmesan bestreuen und im vorgeheizten Ofen bei 200 °C (Gas Stufe 6) 15–20 Min. backen, bis die Frittata innen fest ist. Warm, in Stücke geschnitten servieren.

Pasta, Reis und Pizza

Spaghetti mit grünem Spargel und Sardellen

Ein ebenso schlichtes wie leckeres Gericht, am besten natürlich zur Spargelsaison. Die Sardellen lösen sich in der Sauce auf und geben ihr den zarten Salzgeschmack. Statt Spaghetti können Sie auch andere Pasta, wie Linguine oder Bucatini, verwenden.

375 g Spaghetti
375 g grüner Spargel, geputzt und in 7 cm lange Stücke geschnitten
5 EL Olivenöl
50 g Butter
½ TL gestoßene Chiliflocken
2 Knoblauchzehen, klein geschnitten
50 g Sardellen in Öl, abgegossen und gehackt
2 EL Zitronensaft
75 g schmal gehobelte Parmesanstückchen
Salz

Pasta in einem großen Topf mit leicht gesalzenem, kochendem Wasser 10–12 Min. bissfest garen. Gut abtropfen lassen.

Spargel in eine Auflaufform geben, mit Öl beträufeln, Butterflocken darauf setzen und mit Chiliflocken, Knoblauch und Sardellen bestreuen. Im vorgeheizten Ofen bei 200 °C (Gas Stufe 6) 8 Min. garen.

Spargel mit der heißen Pasta vermengen. Den Zitronensaft darüber träufeln, mit Parmesan bestreuen, salzen und sofort servieren.

Fussili mit Pesto aus Brunnenkresse und Ziegenkäse

Eine raffinierte Variante des klassischen Pesto aus Basilikum und Parmesan. Pürieren Sie Brunnenkresse und Pinienkerne nicht zu stark, Pesto schmeckt am besten, wenn es noch etwas gröber ist.

375 g Fussili
50 g Pinienkerne, geröstet, zusätzlich einige Pinienkerne zum Garnieren
1 Knoblauchzehe, grob gehackt
150 g Brunnenkresse
7 EL natives Olivenöl extra
150 g krümeliger Ziegenkäse, zusätzlich etwas Käse zum Garnieren
Salz, Pfeffer

Pasta in einem großen Topf mit leicht gesalzenem, kochendem Wasser 10–12 Min. bissfest garen. Gut abtropfen lassen.

In der Zwischenzeit Pinienkerne, Knoblauch und Brunnenkresse mit einer üppigen Prise Salz in den Mixer geben und 15 Sek. grob zerhacken. Dann weitere 20 Sek. mixen, während Sie das Öl hineinträufeln.

Ziegenkäse hineinkrümeln und gründlich unterrühren, mit Pfeffer würzen. Mit den heißen Nudeln mischen, auf 4 Teller verteilen und mit Pinienkernen und Ziegenkäse garnieren.

Rigatoni mit Zucchini, Feta und Zitronenthymian

Das berauschend blumige Aroma des Zitronenthymian ist der Clou an diesem Rezept. Ersatzweise können Sie einfachen Thymian verwenden und etwas geriebene Zitronenschale dazugeben. Die Zucchini sehen besonders appetitlich aus, wenn sie in einer geriffelten Grillpfanne gebraten werden

375 g Rigatoni
3 Zucchini, in 1 cm dicke Scheiben geschnitten
6 EL Olivenöl
2 Zweige Zitronenthymian
2 EL Zitronensaft
200 g Feta-Käse, gewürfelt
12 grüne Oliven, entsteint, grob gehackt
Salz, Pfeffer

Pasta in einem großen Topf mit leicht gesalzenem, kochendem Wasser 10–12 Min. bissfest garen. Gut abtropfen lassen.

In der Zwischenzeit die Zucchinischeiben in einer Schüssel mit 1 EL Öl verrühren, dann in einer heißen Grillpfanne 2–3 Min. auf jeder Seite garen.

Zucchini zurück in die Schüssel geben, mit dem restlichen Öl, Zitronenthymian und Saft beträufeln. Mit Salz und Pfeffer würzen. Die heiße Pasta, Feta und Oliven dazugeben, gut mit den Zucchini vermengen und sofort servieren.

Capellini mit Krabben und Brandy

Kleinere Krabben sind oft süßer als die großen Garnelen – und das passt perfekt zu diesem Rezept. Gefrorene Krabben eignen sich gut, tauen Sie sie einfach vor dem Kochen auf. Wichtig: Den herb schmeckenden Brandy vollständig verkochen, bevor Sie Krabben und Kräuter zugeben.

375 g Capellini (Engelshaar-Pasta)
25 g Butter
4 Roma-Tomaten, gehackt
2 EL Brandy
200 g gekochte, geschälte Krabben
3 EL Crème double
1 EL gehackter Estragon
Salz, Pfeffer

Pasta in einem großen Topf mit leicht gesalzenem, kochendem Wasser je nach Packungsangabe 10–12 Min. bissfest garen. Gut abtropfen lassen.

Butter in einer Pfanne zergehen lassen, darin die Tomaten 2–3 Min. bei mittlerer Hitze weich dünsten. Den Brandy zugeben, Hitze erhöhen und 2 Min. kochen.

Krabben, Crème double und Estragon unterrühren und erhitzen. Mit Salz und Pfeffer abschmecken, mit den heißen Nudeln vermengen und sofort servieren.

Tagliatelle mit pikantem Thunfisch

Um den Thunfisch professionell anzubraten, muss die Pfanne sehr heiß sein. Der Fisch soll innen noch saftig und rosa sein, also – je nach Dicke der Steaks – lieber kürzer braten und notfalls noch einmal in die Pfanne geben. Zu langes Braten ruiniert den feinen Geschmack und die Zartheit des Fischs.

375 g grüne Tagliatelle
2 große grüne Chilischoten, entkernt und grob gehackt
25 g frischer Koriander mit Wurzeln
1 große Knoblauchzehe, grob gehackt
25 g Mandeln, geröstet
2 EL Limettensaft
5 EL Olivenöl
4 Thunfischsteaks à 150 g
Salz

Zum Garnieren
Limettenschnitze

Pasta in einem großen Topf mit leicht gesalzenem, kochendem Wasser 10–12 Min. bissfest garen. Gut abtropfen lassen.

In der Zwischenzeit Chili, Koriander, Knoblauch, Mandeln und Limettensaft im Mixer 10 Sek. pürieren. Das Öl hineinträufeln und dabei weiter pürieren, salzen. Den Thunfisch in einer heißen Grill- oder Bratpfanne ca. 30 Sek. auf jeder Seite braten, so dass er innen noch rosa ist, dann halbieren.

Heiße Pasta mit $^2/_3$ der Koriandersauce vermengen und auf 4 Teller verteilen. Auf jede Portion 2 Thunfischstücke legen, einen Klecks der restlichen Sauce darüber geben, mit Limetten garnieren.

Pasta mit Würstchen, Crème fraîche und Senf

Wenn Sie einmal ein richtig deftiges, sättigendes Essen brauchen, ist dieses Rezept genau das Richtige: herzhaft und lecker, gleich ob an einem kalten Winterabend oder einem faulen Wochenende. Kaufen Sie Würstchen guter Qualität, mit vielen Kräutern und einem hohen Fleischanteil.

375 g Muschelnudeln
500 g italienische Schweinewürstchen oder Schweinewürstchen mit Kräutern
1 EL Olivenöl
2 Knoblauchzehen, klein geschnitten
150 ml Weißwein
1 EL Senf mit ganzen Körnern
200 g Crème fraîche
1 Prise geriebene Muskatnuss
Salz, Pfeffer
1 Hand voll Oreganoblätter oder gehackter, glattblättriger Petersilie
geriebener Parmesan

Pasta in einem großen Topf mit leicht gesalzenem, kochendem Wasser 10–12 Min. bissfest garen. Gut abtropfen lassen.

In der Zwischenzeit die Würstchen aufschlitzen und die Füllung aus der Pelle drücken. Öl in einer Pfanne erhitzen, darin das Fleisch 3 Min. goldbraun anbraten. Knoblauch zugeben und 1 weitere Min. braten.

Mit Wein ablöschen, dabei gut rühren und den Bodensatz von der Pfanne lösen. 3 Min. köcheln, bis der Wein fast verdampft ist, dann Senf und Crème fraîche unterrühren.

Mit Muskat, Salz und Pfeffer abschmecken, Kräuter und Nudeln unterrühren. Mit Parmesan servieren.

Schnelle Pilz-Spinat-Lasagne

Wer sagt denn, dass Lasagne kompliziert sein muss? Diese ist schnell zusammengemischt und schmeckt Vegetariern ebenso gut wie Fleischessern. Sie können jede Art von Pilzen verwenden. Shiitake bringen einen schön erdigen Geschmack hinein, braune Champignons sind eine gute Alternative.

12 frische Lasagne-Blätter
3 EL natives Olivenöl extra
500 g gemischte Pilze (Shiitake, Austernpilze, braune Champignons), klein geschnitten
200 g Mascarpone
125 g junger Spinat
150 g Taleggio-Käse, ohne Rinde, gewürfelt
Salz, Pfeffer

Lasagne-Blätter in eine große Auflaufform legen und mit kochendem Wasser übergießen. Ca. 5 Min. ziehen lassen, bis sie gar sind, dann abgießen.

Öl in einer großen Pfanne erhitzen und die Pilze 5 Min. dünsten. Mascarpone zugeben und Temperatur senken. 1 Min. eindicken lassen, mit Salz und Pfeffer würzen.

Auflaufform etwas fetten und mit 3 Lasagne-Blättern leicht überlappend auslegen. Etwas Taleggio, $^1/_3$ der Pilzsauce und $^1/_3$ der Spinatblätter darauf verteilen, dann in gleicher Weise 2 weitere Schichten machen. Obenauf kommen eine letzte Schicht Lasagne und der restliche Taleggio. 5 Min. grillen, bis der Käse goldbraun ist.

Ravioli mit Salbeibutter

Gebräunte Butter schmeckt fantastisch und ist dabei so einfach zu machen – entscheidend dabei ist das Timing. Wenn Sie sehen, dass die Butter braun wird, schnell mit Zitronensaft ablöschen. Er verhindert, dass sie verbrennt.

500 g frische Ravioli guter Qualität
50 g Butter
50 g Pinienkerne
15 Salbeiblätter, in Streifen geschnitten
2 EL Zitronensaft
Salz
geriebener Parmesan

Pasta in einem großen Topf mit leicht gesalzenem, kochendem Wasser 10–12 Min. bissfest garen. Gut abtropfen lassen.

Die Butter in einer Pfanne bei mittlerer Temperatur erhitzen, Pinienkerne und Salbei zugeben. Rühren, bis die Pinienkerne leicht gebräunt sind und die Butter blass golden ist. Zitronensaft bereithalten. Sobald die Butter die richtige Farbe hat, den Herd abschalten und den Saft unterrühren.

Salbeibutter salzen und über die Ravioli gießen. Mit Parmesan bestreuen und sofort servieren.

Penne mit Chorizo, Borlotti-Bohnen und Paprika

Ein tolles Gericht, wenn Sie mal keine Zeit zum Einkaufen hatten. Eingelegte Paprika und Chorizo halten sich im Kühlschrank sehr gut. Umso besser, wenn man sie immer im Haus hat und für ein schnelles Essen wie dieses gerüstet ist.

375 g Penne
125 g kleine Chorizo-Würstchen, fein geschnitten
400 g weiße Borlotti-Bohnen aus der Dose, gespült und abgetropft
300 g gegrillte, in Öl eingelegte Paprika, abgegossen und geschnitten
75 ml Weißwein
1 kleine Hand voll Basilikum
Salz
geriebener Parmesan

Pasta in einem großen Topf mit leicht gesalzenem, kochendem Wasser 10–12 Min. bissfest garen. Gut abtropfen lassen.

In der Zwischenzeit eine Pfanne bei mittlerer Temperatur erhitzen und die Chorizo darin auf jeder Seite 20 Sek. knusprig anbraten. Bohnen dazugeben und rühren, bis sie mit dem Fett der Chorizo bedeckt sind. Paprika und Wein hinzufügen und 2 Min. köcheln lassen, bis der Wein auf die Hälfte eingekocht ist.

Penne mit Sauce und Basilikum vermengen, salzen und mit Parmesan servieren.

Kedgeree mit Räuchermakrele

Kedgeree, ein englisch-indisches Fischgericht mit Reis, wird eigentlich mit pochiertem Schellfisch gemacht. Mit fertig geräucherter Makrele geht es viel einfacher und schneller – und schmeckt dabei wunderbar würzig.

3 große Eier
25 g Butter
375 g geräucherte Makrele, zerpflückt
375 g gekochter Basmati-Reis
1 TL mildes Currypulver
4 EL Zitronensaft
4 EL gehackte Petersilie

Eier in einem kleinen Topf mit heißem Wasser 7 Min. kochen. Unter kaltem Wasser abschrecken, schälen und vierteln.

In der Zwischenzeit die Butter in einer großen Pfanne erhitzen. Makrele, Reis und Curry dazugeben, vermischen und unter Rühren erwärmen. Dann Zitronensaft, Petersilie und Eier unterrühren und sofort servieren.

Schwarze Pasta mit Seeteufel, Chili und Spinat

Schwarze Pasta werdrn mit Tintenfischextrakt gefärbt. Mit ihrer erstaunliche Farbe und dem sehr dezenten Fischgeschmack sind sie genau das Richtige für ein Essen mit Gästen.

375 g schwarze Pasta
25 g Butter
200 g Seeteufel, in 2,5 cm große Würfel geschnitten
2 große rote Chilis, entkernt und fein gehackt
2 Knoblauchzehen, gehackt
2 EL Thai-Fischsauce
150 g junger Spinat
Saft von 2 Limetten
Salz

ZUM GARNIEREN
Limettenschnitze

Pasta in einem großen Topf mit leicht gesalzenem, kochendem Wasser 10–12 Min. bissfest garen. Gut abtropfen lassen.

In der Zwischenzeit die Fischwürfel auf ein großes Stück Alufolie legen. Chili, Knoblauch und Fischsauce darüber geben und die Alufolie zu einem festen Paket verschließen. Auf einem Backblech im vorgeheizten Ofen bei 200 °C (Gas Stufe 6) 8–10 Min. garen.

Den Inhalt der Alufolie gründlich mit der heißen Pasta vermengen. Den Spinat dazugeben und rühren, bis er zusammenfällt. Mit Limettensaft und Salz würzen und sofort mit Limettenschnitzen garniert servieren.

Jambalaya

Mit diesem kreolischen Gericht können Sie wunderbar Reste, wie zum Beispiel kaltes Brathähnchen, verwerten. Kurz vor dem Servieren wird Jambalaya mit – am besten frischem – Oregano bestreut. Aber auch das getrocknete Kraut hat noch viel Geschmack.

2 EL Olivenöl
1 Zwiebel, gehackt
100 g Frankfurter oder andere Räucherwürste, in Scheibchen geschnitten
100 g gegartes Huhn, gewürfelt
125 g Schnellkochreis
400 g gehackte Tomaten aus der Dose
200 g gegrillte, in Öl eingelegte Paprika, abgegossen und gehackt
600 ml Hühnerbrühe
2 Lorbeerblätter
1 Prise Piment
Salz, Pfeffer
gehackter Oregano
evtl. Sauerrahm

Olivenöl in einer großen Pfanne erhitzen, die Zwiebel darin 3 Min. dünsten. Würstchen und Huhn zugeben und 2 Min. anbraten.

Reis, Tomaten, Paprika, Hühnerbrühe, Lorbeerblätter und Piment dazugeben.

Abdecken und 10 Min. ganz sanft köcheln lassen, bis der Reis gar und die Flüssigkeit aufgesaugt ist.

Mit Salz und Pfeffer würzen und mit Oregano bestreuen. Evtl. mit Sauerrahm servieren.

Rote-Bete-Risotto
mit Blauschimmelkäse

Vakuumverpackte Rote Bete eignet sich am besten für dieses Rezept, sie ist einfach zu verarbeiten und gibt dem Risotto eine tolle, intensive Farbe. Achten Sie beim Einkauf auf Rote Bete im eigenen Saft, in Essig eingelegte verdirbt den Geschmack. Wichtig ist zudem, dass Sie ausschließlich Arborio oder einen anderen Risotto-Reis verwenden!

3 EL Olivenöl
1 rote Zwiebel, fein gehackt
250 g gekochte Rote Bete im eigenen Saft, gehackt
200 g Arborio oder Risotto-Reis
600 ml Gemüsebrühe
150 ml fruchtiger Rotwein, z. B. Merlot
150 g Blauschimmelkäse, z. B. Dolcelatte
Salz, Pfeffer

ALS BEILAGEN
50 g Rucola-Salat
25 g gehackte Pecannüsse, geröstet

Öl in einer Kasserolle bei mittlerer Temperatur erhitzen, die Zwiebel darin 2 Min. weich dünsten. Rote Bete und Reis hinzufügen und 1 Min. rühren, dann Brühe und Wein aufgießen.

Mit einem gut sitzenden Deckel verschließen und im vorgeheizten Ofen bei 200 °C (Gas Stufe 6) 20 Min. kochen, bis die Flüssigkeit vollständig aufgesaugt ist. Den Käse unterrühren und mit Salz und Pfeffer abschmecken. Auf 4 vorgewärmte Teller verteilen und mit Rucola und Nüssen garnieren.

Orientalischer Reispilaf

Dieses wunderbare Reisgericht birgt das kostbare Aroma vieler orientalischer Gewürze. Wenn Sie sich besonders verwöhnen wollen, rühren Sie am Ende noch eine extra Portion Butter in den Topf, so wird es besonders lecker und saftig.

25 g Butter
1 Zwiebel, gehackt
1 Prise Safran
2 Zimtstangen
6 Kardamomkapseln
75 g Sultaninen
200 g Basmati-Reis
400 ml Hühner- oder Gemüsebrühe
375 g gekochte Hähnchenbrust, gewürfelt
6 Tomaten, fein gehackt
1 Hand voll Minzblätter, zerkleinert
50 g Pinienkerne, geröstet
Salz, Pfeffer

Butter in einer Pfanne erhitzen, die Zwiebel darin 1 Min. scharf anbraten. Temperatur senken und Gewürze, Sultaninen, Reis und Brühe zufügen. Abgedeckt 5 Min. kochen.

Hähnchen dazugeben und weitere 3 Min. kochen, bis die Flüssigkeit aufgesaugt ist. Mit Salz und Pfeffer würzen und 2 Min. mit geschlossenem Deckel ziehen lassen. Mit einer Gabel auflockern, Tomaten und Minze dazugeben und mit Pinienkernen bestreuen.

Chinesischer gebratener Reis

Kaum ein chinesisches Gericht ist so vielseitig variabel wie Eierreis. Fast jedes Gemüse eignet sich dafür, aber auch gekochtes oder gebratenes Fleisch, Huhn oder Schinken. Am schnellsten geht es, wenn Sie den Reis schon vorab kochen.

2 EL Pflanzenöl
1 Karotte, geschält und fein gewürfelt
75 g Erbsen
200 g gekochte, geschälte Krabben
400 g gekochter Basmati-Reis
2 Eier, verquirlt
1 EL helle Sojasauce
6 Frühlingszwiebeln, geputzt und in Ringe geschnitten
½ TL Sesamöl

Wok stark erhitzen, bis er raucht. Öl zugeben, erhitzen, dann Karotten und Erbsen zugeben und 2 Min. pfannenrühren. Krabben und Reis zugeben und weitere 2 Min. rühren.

Eine Mulde in die Mitte drücken und die Eier darin aufschlagen. Eier 1 Min. rühren, bis sie etwas zu stocken beginnen, dann mit dem Reis vermengen. Sojasauce, Frühlingszwiebeln und Sesamöl dazugeben und die Temperatur senken. Vor dem Servieren noch einmal gut durchmischen.

Risotto mit Huhn und Erbsen

Risotto im Ofen zuzubereiten ist unglaublich einfach. Es wird zwar nicht ganz so cremig wie ein gerührtes Risotto, aber das wird in diesem Rezept durch einen Schuss Rahm wieder wettgemacht. Ganz wichtig: Verwenden Sie ausschließlich Arborio oder einen anderen Risotto-Reis!

25 g Butter
1 Zwiebel, fein gehackt
150 g Hähnchenbrustfilet ohne Haut, in Streifen geschnitten
200 g Arborio oder Risotto-Reis
1 TL Fenchelsamen
900 ml heiße Hühnerbrühe
75 g Tiefkühlerbsen, aufgetaut
Saft und geriebene Schale von 1 Zitrone
2 EL Crème double
100 g geriebener Parmesan
2 EL gehackte Minze
Salz, Pfeffer

Butter in einer ofenfesten Kasserolle erhitzen. Zwiebel und Hähnchen darin 3 Min. anbraten. Reis und Fenchelsamen dazugeben und 30 Sek. rühren, dann Brühe aufgießen und Erbsen hinzufügen.

Gut verschlossen im vorgeheizten Ofen bei 200 °C (Gas Stufe 6) 20 Min. kochen, bis der Reis gar und die Flüssigkeit aufgesogen ist.

Zitronensaft und -schale, Crème double und Parmesan unterrühren und mit Salz und Pfeffer würzen. Geschlossen 2 Min. ziehen lassen, dann die Minze darunter mischen und sofort servieren.

Duftender Kokosreis

Dieses Reisgericht ist so lecker und nahrhaft, dass Sie es als vollständige Mahlzeit planen sollten. Kokoscreme wird in Blöcken verkauft, die man in Wasser auflöst. Versuchen Sie es nicht mit Kokossahne oder -milch, damit wird das Gericht ziemlich pampig.

50 g Kokoscreme (creamed coconut)
250 ml Wasser
125 g Basmati-Reis
1/4 TL Kurkuma (Gelbwurz)
2 EL mittelscharfes Currypulver
4 indische Zitronen- oder Curryblätter
1 Stange Zitronengras, geklopft
100 g rote Linsen
125 g junger Spinat
Salz, Pfeffer
200 g griechischer Joghurt
4 EL gehackter frischer Koriander

Kokoscreme mit dem Wasser in einen Topf geben und erhitzen, bis sie sich auflöst. Reis, Kurkuma, Curry, Zitronen- oder Curryblätter, Zitronengras und Linsen dazugeben und mit einem passenden Deckel gut verschließen.

Erhitzen und 7 Min. sanft köcheln, bis die Flüssigkeit aufgesaugt ist. Herd abschalten und mit geschlossenem Deckel 3 Min. ziehen lassen, dann den Spinat unterrühren und mit Salz und Pfeffer abschmecken.

Joghurt und Koriander vermengen. Den Kokosreis auf 4 vorgewärmte Teller verteilen und mit einem Klecks Joghurt servieren.

Pizzabaguettes mit Salami

Ein tolles Rezept für die ganze Familie oder für eine schnelle Party. Der Belag richtet sich ganz nach Ihrem Geschmack – und danach, was Sie gerade da haben.

1 Baguette
6 EL Tomaten-Basilikum-Sauce aus dem Glas
150 g Mozzarella, in Scheiben geschnitten
75 g Salami oder Pepperoni-Wurst in Scheiben
16 grüne Oliven ohne Stein, halbiert
1 TL getrockneter Oregano

Das Stangenweißbrot längs aufschneiden und halbieren, so dass 4 Stücke entstehen. Mit der Schnittseite nach oben auf ein Backblech legen und mit der Tomatensauce bestreichen.

Mit Mozzarella, Salami und Oliven belegen und mit Oregano bestreuen. Im vorgeheizten Ofen bei 200 °C (Gas Stufe 6) 5–6 Min. backen, bis der Käse geschmolzen ist. Heiß servieren.

Spargel-Taleggio-Pizza

Taleggio ist ein weicher, cremiger italienischer Käse mit leicht süßlichem Geschmack. Er schmilzt wunderbar auf der Pizza. Versuchen Sie, möglichst feinen grünen Spargel zu bekommen, der schnell gar wird. Dickere Stangen sollten Sie längs halbieren.

5 EL passierte Tomaten
1 EL fertiges rotes Pesto
4 fertige Pizzaböden (25 cm Ø)
250 g Taleggio, ohne Rinde, in Scheiben geschnitten
175 g feiner grüner Spargel, geputzt
2 EL Olivenöl
Salz, Pfeffer

Passierte Tomaten und Pesto mit einer Prise Salz vermischen und auf die Pizzaböden streichen. Mit Taleggio und Spargel belegen und mit etwas Öl beträufeln.

Direkt in den vorgeheizten Ofen legen und bei 200 °C (Gas Stufe 6) 10 Min. backen, bis der Spargel gar ist und die Pizzaböden knusprig sind. Vor dem Servieren etwas schwarzen Pfeffer darüber mahlen.

Thunfischpizza mit Kapern

Eine Mischung aus Thunfischtoast und Pizza, mit der Sie sich schnell mal beim Mittagessen oder auch am Ende einer langen Nacht verwöhnen können.

1 Ciabatta-Brot
1 Knoblauchzehe, geschält
6 EL passierte Tomaten oder fertige Tomatensauce
2 TL Kapern
150 g Mozzarella, dünn geschnitten
200 g Thunfisch in Öl (Dose), abgegossen
¼ rote Zwiebel, in Ringe geschnitten
6 grüne Oliven ohne Kern, halbiert
Pfeffer

Ciabatta längs aufschneiden und mit der Schnittseite nach oben auf ein Backblech legen. Unter dem vorgeheizten Grill 2 Min. auf jeder Seite rösten.

Die Schnittseiten mit Knoblauch einreiben und mit passierten Tomaten oder Tomatensauce bestreichen. Kapern, Mozzarella, Thunfisch, Zwiebel und Oliven darauf verteilen.

4–5 Min. unter dem Grill backen, bis der Käse Blasen wirft. Vor dem Servieren schwarzen Pfeffer darüber mahlen.

Pizzafladen mit Tomaten und Ziegenkäse

Dünne mediterrane Fladenbrote werden im Ofen oder unter dem Grill herrlich knusprig – eine tolle Alternative zum klassischen Pizzaboden.

4 Fladenbrote (20 cm Ø)
2 EL Paste aus getrockneten Tomaten oder rotes Pesto
300 g Mozzarella, in Scheiben geschnitten
6 Roma-Tomaten, grob gehackt
4 EL Olivenöl
1 Knoblauchzehe, gepresst
1 kleine Hand voll frischer Basilikum, zerpflückt
100 g Ziegenkäse
Salz, Pfeffer

Fladenbrote auf 2 Backbleche legen und mit Tomatenpaste bestreichen. Mit Mozzarella belegen und im vorgeheizten Ofen bei 200 °C (Gas Stufe 6) 7–8 Min. backen, bis der Boden knusprig und der Käse geschmolzen ist.

Tomaten in einer Schüssel mit Öl, Knoblauch und Basilikum vermengen und kräftig mit Salz und Pfeffer würzen. Auf die gebackenen Fladen verteilen, mit zerkrümeltem Käse bestreuen und sofort servieren.

Pizza bianchi

So lieben es die Italiener: Knackiger Rucola und ein paar Tropfen Olivenöl statt des üblichen mitgebackenen Belags machen diese Pizza zu einem frischen, unkomplizierten Sommeressen oder Picknick.

4 dünne Fladenbrote (20 cm Ø)

200 g Gorgonzola oder Dolcelatte-Käse, zerkrümelt

8 Scheiben italienischer Schinken

50 g Rucola

Pfeffer

Zum Beträufeln

natives Olivenöl extra

Fladenbrote auf 2 Backbleche legen, mit dem Käse bestreuen und im vorgeheizten Ofen bei 200 °C (Gas Stufe 6) 6–7 Min. backen, bis der Käse geschmolzen und das Brot knusprig ist.

Mit Schinken und Rucola belegen, etwas schwarzen Pfeffer darüber mahlen, mit Öl beträufeln und sofort servieren.

Pitta mit Spinat und Ricotta

Verwenden Sie für dieses Rezept festeren Ricotta. Er schmeckt herrlich und lässt sich gut zerbröseln. Abgepackter Ricotta ist eine Alternative, man muss ihn aber wahrscheinlich auf die Pizza streichen.

4 Vollkorn-Pitta-Fladenbrote
5 EL fertige Tomatensauce für Pasta
150 g Tiefkühlspinat, aufgetaut und ausgedrückt
125 g fester Ricotta, zerbröselt
25 g Pinienkerne
2 EL Olivenöl
Salz, Pfeffer

Pittas auf ein Backblech legen, mit Tomatensauce bestreichen, mit Spinat belegen und den Ricotta darüber verteilen.

Mit Pinienkernen bestreuen, Olivenöl darüber träufeln und mit Salz und Pfeffer würzen. Im vorgeheizten Ofen bei 180 °C (Gas Stufe 4) 8 Min. knusprig backen. Sofort servieren.

Indisches Naan-Brot mit Hühnchen

Zugegebenermaßen sind Naan und Tandoori-Huhn bei uns nur sehr schwer zu bekommen, aber in gut sortierten Asia-Läden sollten Sie fündig werden.

4 EL Olivenöl
1 Knoblauchzehe
2 EL frischer gehackter Koriander
4 Naan-Brote
250 g Tandoori-Huhn, in Scheiben geschnitten
200 g Cherry-Tomaten, halbiert
¼ rote Zwiebel, fein geschnitten

Olivenöl, Knoblauch und Koriander vermischen. Die Naan-Brote auf 2 Backbleche verteilen und mit Huhn, Tomaten und Zwiebeln belegen.

Die Hälfte des Öls darüber träufeln und im vorgeheizten Ofen bei 200 °C (Gas Stufe 6) 10 Min. backen, bis die Brote gerade knusprig werden. Das restliche Öl vor dem Servieren darüber träufeln.

Asiatisch

Gebratene Thai-Nudeln

Pad Thai ist ein klassisches – und sehr beliebtes – thailändisches Nudelgericht. Statt mit der traditionellen Tamarinden-Paste säuern wir die Nudeln mit etwas Limettensaft. Falls Sie das Original doch einmal probieren möchten: Tamarinden-Paste gibt's im Asia-Laden.

250 g Thai-Reisnudeln
2 EL Pflanzenöl
150 g rohe Garnelen, geschält und geputzt
2 Knoblauchzehen, gepresst
1 verquirltes Ei
1 Karotte, geraspelt
200 g Bohnensprossen
1 EL brauner Zucker
3 EL Thai-Fischsauce
2 EL Limettensaft

Zum Garnieren
50 g Erdnüsse, geröstet
1 rote Chili, fein geschnitten
4 Frühlingszwiebeln, geschnitten
Korianderzweige
Limettenschnitze

Reisnudeln in leicht gesalzenem, kochendem Wasser 10 Min. einweichen. Abgießen und beiseite stellen.

Öl im Wok stark erhitzen. Garnelen und Knoblauch 1 Min. pfannenrühren, dann an den Rand des Woks schieben. Das Ei hineinrühren, bis es etwas stockt, und alle restlichen Zutaten mit den Nudeln dazugeben.

Gründlich rühren, bis die Zutaten gut gemischt und erwärmt sind. Auf eine große Platte geben, mit Erdnüssen, Chili, Frühlingszwiebeln und Koriander bestreuen und mit Limettenschnitzen servieren.

Kurz gebratener Thunfisch in Sesamhülle

Sieht toll aus, schmeckt mit dem Soja-Mirin-Dressing wunderbar frisch und ist noch dazu fettarm und sehr gesund – das perfekte Rezept für ein Essen mit Gästen!

1 EL schwarze Sesamkörner
1 EL weiße Sesamkörner
Thunfischsteak, 2,5 cm dick, ca. 375 g
1 EL Sonnenblumenöl
100 g gemischter Blattsalat
6 Radieschen, in Scheiben geschnitten
1/4 Gurke, geschält und in Scheiben geschnitten

Dressing

3 EL helle Sojasauce
3 EL Mirin (Süßreislikör)
1 EL Reisessig
1/2 TL Wasabi (jap. Meerrettich)

Zutaten für das Dressing vermischen, beiseite stellen. Sesamkörner vermischen, den Fisch mit Öl einreiben und im Sesam wenden.

Eine Pfanne erhitzen, bis sie raucht. Thunfisch darin 30 Sek. auf jeder Seite anbraten, bis er außen knusprig, innen aber noch rosa ist.

2 Min. ruhen lassen, dann in möglichst feine Scheiben schneiden, mit Salat, Gurke und Radieschen auf einer Platte anrichten und mit dem Dressing beträufeln.

Vietnamesische Rinder-Pho

Das vietnamesische Nationalgericht: eine würzig duftende Brühe mit Reisnudeln, Bohnensprossen, aromatischen Kräutern und nur leicht angebratenem Rindersteak. Schon ein Löffel davon weckt die Lebensgeister, so nahrhaft und kräftigend ist diese Suppe – die richtige Medizin für kalte, ungemütliche Wintertage und trübe Stimmung.

1,5 l Hühnerbrühe
2 Stangen Zitronengras, weich geklopft
1 kleines Stück Ingwer in Scheiben
2 EL helle Sojasauce
2 EL Limettensaft
2 TL brauner Zucker
125 g Reisnudeln
275 g Sirloin-Steak, in Scheiben geschnitten
150 g Bohnensprossen
1 rote Chili, fein geschnitten
1 Hand voll Thai-Basilikum
1 Hand voll Minze

Brühe, Zitronengras, Ingwer, Sojasauce, Limettensaft und Zucker in einem Suppentopf zum Kochen bringen und 10 Min. sanft köcheln lassen.

Zitronengras und Ingwer herausnehmen. Nudeln dazugeben und je nach Packungsangabe weich kochen. In den letzten 2–3 Min. das geschnittene Fleisch mitkochen.

Auf 4 gewärmte Suppenteller verteilen, Bohnensprossen, Chili, Thai-Basilikum und Minze darüber streuen und sofort servieren.

Mit Chili gebratenes Schweinefilet

Eine vietnamesische Spezialität sind Wraps aus Salatblättern. Frischer, knackiger Salat und scharf-würziges Schweinefleisch machen die Wraps in diesem Rezept unwiderstehlich frisch. Variieren Sie sie zum Beispiel mit Glasnudeln oder saftigen Mangoscheiben.

400 g Schweinefilet
3 EL dunkle Sojasauce
2 EL Chilisauce
¼ TL chinesisches 5-Gewürze-Pulver
1 TL Honig
1 Salatherz (z.B. Little Gem),
  Blätter getrennt und gewaschen
1 große Hand voll Minze
100 g Cherry-Tomaten, geviertelt
500 g gekochter Basmati-Reis

Fleisch mit Soja- und Chilisauce, 5-Gewürze-Pulver und Honig einreiben und möglichst einige Zeit marinieren.

Bräter mit Folie auslegen, das Fleisch hineinlegen und mit Folie abdecken. Im vorgeheizten Ofen bei 150 °C (Gas Stufe 2) 25 Min. braten. Folie entfernen und weitere 10 Min. braten, bis es in der Mitte zart rosa ist. 5 Min. ruhen lassen, dann aufschneiden.

Alle Zutaten in separaten Schälchen anrichten, damit sich jeder seinen Wrap selbst zusammenstellen kann. Dabei zuerst einen Löffel Reis in das Blatt füllen, dann Minze, Tomaten und Fleisch. Zusammenrollen und mit den Fingern essen.

Glasnudelsalat mit Schweinehack

Für Salate verwendet man in Südostasien häufig Hackfleisch. Beim Anbraten nimmt es das volle Aroma der scharfen, fernöstlichen Gewürze an und schenkt dem Gericht einen unglaublich reichen Geschmack.

100 g getrocknete Glasnudeln
500 g Schweinegehacktes
1 Stange Zitronengras, fein gehackt
2 rote Chilis, fein gehackt
2 Knoblauchzehen, gehackt
2 Schalotten, fein gehackt

Zum Garnieren

zerpflückte Minze- oder Korianderblätter

Dressing

2 EL Thai-Fischsauce
2 EL Limettensaft
1 EL brauner Zucker

Nudeln kochen und abgießen. Gründlich ausdrücken und in eine Salatschüssel geben. Zutaten für das Dressing vermischen.

In der Zwischenzeit eine Pfanne erhitzen. Hackfleisch mit Zitronengras, Chili, Knoblauch und Schalotten 6–7 Min. darin anbraten, dabei gelegentlich rühren.

Wenn das Fleisch gar ist und Knoblauch und Schalotten weich sind, alles unter die Nudeln heben und mit dem Dressing übergießen. Mit den Kräutern garnieren und sofort servieren.

Rindfleisch mit Brokkoli und Shiitake-Pilzen

Schwarze Bohnensauce ist ein wichtiger Bestandteil der asiatischen Küche. Man kann sie selbst aus fermentierten schwarzen Bohnen machen oder fertig kaufen. Bohnen und Sauce bekommen Sie im Asia-Laden.

375 g Sirloin-Steak, in Streifen geschnitten
1 EL Maisstärke
3 EL Pflanzenöl
200 g Brokkoliröschen
150 g Shiitake-Pilze, halbiert
2 Knoblauchzehen, gepresst
1 TL frisch geriebener Ingwer
2 EL fermentierte schwarze Bohnen
oder schwarze Bohnensauce
2 EL Reiswein oder trockener Sherry
2 EL brauner Zucker
3 EL helle Sojasauce
100 ml Rinderbrühe
Salz, Pfeffer

Als Beilage
Eiernudeln

Das Fleisch in Maisstärke wenden und mit Salz und Pfeffer würzen. Öl im Wok erhitzen, Brokkoli und Pilze darin 2 Min. pfannenrühren. Knoblauch und Ingwer dazugeben und 1 Min. weiterrühren, dann alles an den Rand des Woks schieben.

Das Fleisch in den Wok geben und 10 Sek. rühren. Mit allen weiteren Zutaten zum Kochen bringen und dabei unter Rühren den Bodensatz vom Wok lösen. Sofort mit Eiernudeln servieren.

Hähnchenspieße mit Teriyaki-Sauce

Sake wird in Japan nicht nur getrunken, sondern auch beim Kochen verwendet. Man kann für diese selbst gemachte Teriyaki-Sauce aber auch trockenen Sherry nehmen. Kaufen Sie lieber japanische statt chinesische Sojasauce, sie ist weniger salzig und hat mehr Aroma.

750 g Hähnchenbrustfilet, gewürfelt
12 Frühlingszwiebeln, in 5 cm lange Stücke geschnitten
2 rote Paprika, entkernt und gewürfelt
2 EL Pflanzenöl
gekochter Reis als Beilage

SAUCE

3 EL dunkle Sojasauce
3 EL Honig
3 EL Sake oder trockener Sherry
1 Knoblauchzehe, gepresst
3 Scheiben frischer Ingwer

Zutaten für die Sauce in einem kleinen Topf 5 Min. sanft köcheln, bis die Teriyaki eindickt. In der Zwischenzeit Fleisch, Frühlingszwiebeln und Paprika auf 8 zuvor gewässerte Bambusspieße stecken und mit Öl einpinseln.

Spieße in einer heißen Grillpfanne oder unter dem vorgeheizten Grill ca. 4 Min. auf jeder Seite braten, bis sie durch sind. Mit Teriyaki-Sauce bestreichen, auf Reis anrichten und mit Sauce beträufeln.

Foliengebackener **Lachs**

Dieses Rezept können Sie mit nahezu jedem Fisch zubereiten, Lachs oder Lachsforelle passen aber besonders gut zum Geschmack von Sake und Sojasauce. Die Shiitake-Pilze geben dem Ganzen eine fein erdige, herzhafte Note. Im buttrigen Fischsud gegart, werden sie wunderbar seidenweich.

4 Lachsfilets oder Lachsforellenfilets à 150 g
100 g Shiitake-Pilze
8 Frühlingszwiebeln, geputzt und geschnitten
75 g Butter in 4 Würfeln
4 EL Sake oder trockener Sherry
4 EL helle Sojasauce

Als Beilage
gedämpftes Gemüse

Aus Alufolie 4 Quadrate à 25 cm schneiden. In jedes ein Fischfilet legen. Pilze, Frühlingszwiebeln und Butter darauf verteilen.

Folie erst seitlich hochziehen und Sake hineinträufeln. Dann in der Mitte zusammenfalten und zu festen Päckchen verschließen.

Auf dem Backblech im vorgeheizten Ofen bei 180 °C (Gas Stufe 4) 6–7 Min. backen. Päckchen öffnen und Sojasauce hineinträufeln. Mit gedämpftem Gemüse, z. B. chinesischem Blätterkohl (Pak choi), Babymais, Zucchini und Karotten, servieren.

Gemüse-Tempura

Füllen Sie die Pfanne beim Ausbacken höchstens zu einem Drittel mit Fett, denn es beginnt zu spritzen, sobald das Gemüse dazukommt. Das Öl ist heiß genug, wenn ein Spritzer Teig sofort aufgeht und an die Oberfläche kommt. Ideale Beilage: grüner Salat mit Asia-Dressing.

1 Ei
250 ml helles Bier
100 g Mehl
1/4 TL Natron
1 große Süßkartoffel, geschält und in dünne Scheiben geschnitten
1 kleine Aubergine, in dünne Scheiben geschnitten
100 g Maiskölbchen, längs halbiert
Erdnussöl zum Frittieren
Salz, Pfeffer

ALS BEILAGE
grüner Salat

LIMETTEN-MAYONNAISE
6 EL Mayonnaise
fein geriebene Schale von 2 Limetten
1 EL Limettensaft

Ei, Bier, Mehl und Natron in einer großen Schüssel verquirlen und mit Salz und Pfeffer würzen. Einige Klümpchen sind dabei nicht schlimm.

Gemüse in den Teig tunken und dann – immer etwa 6 Stücke gemeinsam – ins heiße Fett geben. Gelegentlich rühren, damit sie gleichmäßig bräunen. Auberginen brauchen 1–2 Min., Süßkartoffel und Mais 2–3 Min. Herausnehmen und auf Küchenpapier abtropfen lassen.

In der Zwischenzeit die Zutaten für die Mayonnaise vermischen. In einer kleinen Schüssel zu dem gebackenen Gemüse servieren.

Entenbrust mit Honig-Limetten-Ingwer-Sauce

Mit diesem Essen beeindrucken Sie Ihre Gäste garantiert. Vergewissern Sie sich, dass die Haut schön kross angebraten, aber nicht verbrannt ist, bevor die Ente zum Fertigbraten in den Ofen kommt. Das Fleisch sollte innen zart rosa sein.

4 Entenbrüste à 200 g
3 EL Honig
150 ml Weißwein
fein geriebene Schale 1 Limette
75 ml Limettensaft
100 ml Hühnerbrühe
1 EL fein gehackter Ingwer
½ TL Pfeilwurz
1 EL Wasser
Salz, Pfeffer

Als Beilage
gedämpfte Karotten und Kaiserschoten

Die Haut jeder Entenbrust 4-mal einritzen, dann großzügig mit Salz und Pfeffer einreiben. Eine schwere Pfanne erhitzen und das Fleisch auf der Hautseite 3 Min. anbraten. Fett aus der Pfanne abgießen.

Mit der Haut nach unten in einen Bräter legen und mit 1 EL Honig bestreichen. Im vorgeheizten Ofen bei 200 °C (Gas Stufe 6) 5 Min. braten. 3 Min. ruhen lassen, dann diagonal aufschneiden.

In der Zwischenzeit Wein, Limettenschale und -saft, Brühe, Ingwer und den restlichen Honig in die Pfanne geben und bei hoher Temperatur 5 Min. einkochen. Pfeilwurz mit Wasser vermischen und zur Sauce geben.

Nochmals zum Kochen bringen und löffelweise über die Ente geben. Mit gedämpftem Gemüse servieren.

Sesamhuhn-Katsu mit Soja-Dip

Katsu nennt man in Japan paniertes Fleisch. Dieses schnelle Rezept ist vor allem bei Kindern ein Hit. Mit Reis und gedämpftem Gemüse ist es ein richtiges Essen, es eignet sich aber auch als warmer Snack zum Aperitif.

4 Hähnchenbrustfilets ohne Haut
4 EL Mehl
1 Ei, verquirlt
50 g Semmelbrösel
6 EL Sesamkörner
5 EL Pflanzenöl

Als Beilagen
Reis oder pfannengerührtes Gemüse

Dip
6 EL helle Sojasauce
½ TL frisch geriebener Ingwer
½ TL Zucker
½ große rote Chili, zerkleinert

Hähnchen zwischen Frischhaltefolie oder Backpapier legen und ca. 1 cm flach klopfen. Mehl, Ei und Semmelbrösel mit Sesam auf 3 Tellern bereitstellen.

Fleisch zuerst in Mehl, dann in Ei und zuletzt in der Sesam-Semmelbrösel-Mischung wenden, ggf. die Panade etwas andrücken. Die Hälfte des Öls in einer Pfanne erhitzen, darin 2 Stücke braten, 3–4 Min. auf jeder Seite. Im restlichen Öl die beiden anderen Hähnchenbrüste zubereiten.

In der Zwischenzeit die Zutaten für den Dip in einem Schälchen vermischen. Die Filets in 2,5 cm breite Streifen schneiden und mit Dip, Reis und/oder Gemüse servieren.

Chow-mein-Hühnchen

Chow mein, eine Erfindung chinesischer Einwanderer in Amerika, ist schon ein Klassiker der westlichen Asia-Küche. Sogar wählerische Kinder lieben das unglaublich einfach zuzubereitende Nudelgericht – ein echtes Familienessen für alle Tage!

250 g Asia-Eiernudeln
2 EL Pflanzenöl
375 g Hähnchenbrustfilet ohne Haut, in Streifen geschnitten
1 Knoblauchzehe, gepresst
125 g Zuckererbsen, diagonal halbiert
4 EL helle Sojasauce
2 EL trockener Sherry
200 ml Hühnerbrühe
1 TL Zucker
1 Bund Frühlingszwiebeln, geputzt und geschnitten
$\frac{1}{2}$ TL Maisstärke mit 1 EL Wasser vermischt

Nudeln nach Packungsangabe in leicht gesalzenem Wasser kochen. Abgießen und beiseite stellen.

Öl im Wok erhitzen. Das Fleisch darin 3 Min. pfannenrühren. Knoblauch und Zuckererbsen zugeben und 3 Min. dünsten. Nudeln untermischen und 1 weitere Min. rühren.

Sojasauce, Sherry und Brühe angießen und die Frühlingszwiebeln zugeben. Angerührte Maisstärke unterrühren, aufkochen und rühren, bis die Sauce andickt. Sofort servieren.

Thai-Curry mit Seeteufel

Halten Sie beim Einkauf Ausschau nach echter, in Thailand produzierter Currypaste, sie hat den feinsten und authentischsten Geschmack. Dieses Rezept enthält auch Zitronengras und indische Zitronenblätter (Kaffir-Limettenblätter), aber auf beides können Sie verzichten, wenn Sie eine sehr gute Currypaste haben.

3 EL grüne Currypaste
400 ml Kokosmilch aus der Dose
1 Stange Zitronengras
2 indische Zitronenblätter
1 EL brauner Zucker
1 TL Salz
300 g Seeteufel, gewürfelt
75 g grüne Bohnen, geputzt
12 rohe Garnelen, geschält und geputzt
3 EL Thai-Fischsauce
2 EL Limettensaft

Als Beilage
gekochter Reis

zum Garnieren
frische Korianderzweige
grüne Chilis, fein geschnitten

Currypaste, Kokosmilch, Zitronengras und -blätter, Salz und Zucker in einem Topf zum Kochen bringen. Den Fisch dazugeben und 2 Min. sanft köcheln lassen.

Mit den Bohnen weitere 2 Min. köcheln. Den Herd abschalten, Garnelen, Fischsauce und Limettensaft unterrühren. Die Garnelen garen bei der Resthitze, sie müssen aber unter der Oberfläche gehalten werden.

Curry in eine Schale füllen und mit Korianderzweigen und Chili garnieren. Mit gekochtem Reis servieren.

Nasi Goreng

Quasi das indonesische Nationalgericht – man isst es zu jeder Tages- und Nachtzeit und bekommt es an jeder Straßenecke.

2 EL Pflanzenöl
150 g Hähnchenbrust, fein gehackt
50 g gekochte, geschälte Krabben
1 Knoblauchzehe, gepresst
1 Karotte, gerieben
¼ Weißkohl, fein gehobelt
1 Ei, verquirlt
300 g gekochter, kalter Basmati-Reis
2 EL Ketchup manis (süße Sojasauce)
½ TL Sesamöl
1 EL Chilisauce
1 rote Chili, entkernt und in Streifen geschnitten

Öl im Wok erhitzen, das Fleisch 1 Min. darin pfannenrühren. Krabben, Knoblauch, Karotte und Kohl dazugeben und weitere 3–4 Min. rühren.

Ei über dem Wok aufschlagen und mit einem Holzlöffel ausstreichen. Wenn es gestockt ist, den Reis zugeben und alles verrühren. Zum Schluss mit Sojasauce, Sesamöl und Chilisauce würzen und mit den Chilistreifen garniert servieren.

Brasse in süß-saurem Dressing

Diese würzige, aromatische Sauce ist perfekt für Fisch mit einem schwachen Eigengeschmack. Sie können also jeden Weißfisch mit festem Fleisch verwenden, am besten nehmen Sie mittelgroße Fische der Saison.

3 EL Mehl
4 Brassenfilets, je ca. 175 g
4 EL Pflanzenöl
15 g frischer Koriander, gehackt
Salz, Pfeffer

ALS BEILAGE
gekochter Reis

DRESSING
2 Schalotten, fein gehackt
2 große grüne Chilis, fein gehackt
3 EL Thai-Fischsauce
3 EL Limettensaft
2 EL Zucker
1 Knoblauchzehe, gepresst

Zutaten für das Dressing vermischen und beiseite stellen. Mehl in eine Schüssel geben und mit Salz und Pfeffer würzen. Die Fischfilets darin wenden.

Öl in einer Pfanne erhitzen und die Brassen darin 2 Min. auf jeder Seite braten. Auf einer Platte anrichten und mit dem Dressing übergießen. Sofort mit gekochtem Reis servieren.

Schwertfisch indonesischer Art

Diese aufregenden, würzigen Schwertfischsteaks werden in Bananenblättern gebacken, die Sie in Asia-Läden bekommen. Sie brauchen ein großes Blatt, das Sie in vier Quadrate schneiden, außerdem vier Bambusspieße zum Verschließen der Päckchen. Ersatzweise nehmen Sie einfach Alufolie.

4 Schwertfisch- oder Merlan-Steaks, je ca. 150 g
1 Fleischtomate, in 8 Scheiben geschnitten
2 Stangen Zitronengras, weich geklopft und halbiert

Als Beilage
Eiernudeln

Marinade
1 kleine Zwiebel, fein gehackt
1 TL gemahlener Kurkuma (Gelbwurz)
1 EL frisch geriebener Ingwer
2 Knoblauchzehen, gepresst
1 EL Chilisauce
2 EL Tamarindenpaste

Zutaten für die Marinade in einem tiefen Teller vermengen, die Fischsteaks hineinlegen und mit Marinade bedecken. Möglichst einige Zeit marinieren.

Die Bananenblätter oder Alustücke auf der Arbeitsfläche ausbreiten und die Steaks mit der Marinade darauf legen. Darüber Tomaten und Zitronengras platzieren, zu Päckchen verschließen und mit den Spießen fixieren.

Auf dem Blech im vorgeheizten Ofen bei 200 °C (Gas Stufe 6) ca. 8 Min. backen, bis der Fisch gar ist. Mit Eiernudeln servieren.

Thailändischer Tintenfischsalat

Frischen Tintenfisch zuzubereiten ist etwas knifflig, kaufen Sie lieber fertige Ringe. Für das Dressing brauchen Sie Korianderwurzeln, sie sind nur noch am Kraut, wenn Sie es im Bund kaufen. Nach diesem Rezept können Sie übrigens auch Garnelen, Huhn oder Rind zubereiten.

1 Romana-Salat, zerpflückt
2 EL Pflanzenöl
12 kleine Tintenfische, fertig in Ringe geschnitten
15 g Korianderblätter
15 g Minze
2 rote Chilis, entkernt und fein geschnitten

Als Beilage
gebratene Eiernudeln

Dressing
1 Knoblauchzehe, gepresst
1½ EL fein gehackte Korianderwurzel
Saft von 2 Limetten
1 EL brauner Zucker
2 EL Thai-Fischsauce

Alle Zutaten für das Dressing vermengen und beiseite stellen. Salat auf einer Platte anrichten.

Öl in einer schweren Pfanne erhitzen, bis es raucht. Die Hälfte des Tintenfischs 10 Sek. auf jeder Seite braten und auf die Platte geben.

Die restlichen Ringe genauso braten. Kräuter und Chili über den Salat streuen, mit Dressing beträufeln und sofort mit einer Schüssel gebratenen Nudeln servieren.

Szechuan-Aubergine

Wie die meisten Gerichte aus der Provinz Szechuan ist auch dieses ziemlich scharf. Achten Sie beim Einkauf darauf, nicht die konzentrierte, sondern normale gelbe Bohnensauce zu nehmen, sonst wird es zu würzig.

5 EL Pflanzenöl
1 große Aubergine, in 2,5 cm große Würfel geschnitten
2 große Knoblauchzehen, gepresst
1 EL frisch geriebener Ingwer
6 Frühlingszwiebeln, klein geschnitten
2 EL Chilisauce
2 EL gelbe Bohnensauce
2 EL trockener Sherry
2 EL Reisweinessig
1 EL dunkle Sojasauce
2 EL brauner Zucker
Salz, Pfeffer

Als Beilage
Eiernudeln

Öl im Wok oder in einer großen Pfanne erhitzen. Aubergine 5 Min. unter häufigem Rühren anbraten. Knoblauch und Ingwer dazugeben und weitere 2 Min. rühren.

Die Hälfte der Frühlingszwiebeln mit den restlichen Zutaten vermischen und in den Wok geben. Gründlich verrühren, mit Salz und Pfeffer würzen und mit den restlichen Frühlingszwiebeln bestreuen. Mit Eiernudeln servieren.

Thai-Hähnchen mit Basilikum, Chili und Cashewkernen

Versuchen Sie für dieses einfache thailändische Pfannengericht das süßliche Thai-Basilikum (Bai horapa) zu bekommen. Es hat einen feinen Anisgeschmack. Aber auch mit aromatischem frischem Koriander schmeckt es toll.

2 EL Pflanzenöl
750 g Hähnchenbrustfilet ohne Haut,
in dünne Scheiben geschnitten
4 Knoblauchzehen, gepresst
2 große grüne Chilis, entkernt und gehackt
1 Zwiebel, gewürfelt
1 grüne Paprika, entkernt und gewürfelt
5 EL Thai-Fischsauce
2 EL dunkle Sojasauce
2 EL brauner Zucker
25 g Cashewkerne, geröstet
15 g Thai-Basilikum oder Koriander

ALS BEILAGE
gekochter Reis

Öl im Wok erhitzen, bis es raucht. Huhn, Knoblauch und Chili 1 Min. pfannenrühren, dann Zwiebel und Paprika dazugeben. Ca. 5 Min. rühren, bis das Fleisch gar ist.

Fischsauce, Sojasauce und Zucker gründlich unterrühren. Kurz aufkochen, dann in eine Schüssel geben, mit Cashewkernen und Basilikum bestreuen und mit Reis servieren.

Gekühlte Soba-Nudeln
mit Sashimi-Lachs

Wie Sushi ist auch Sashimi eine japanische Spezialität mit rohem Fisch: Er wird einfach aufgeschnitten und kunstvoll angerichtet. Das geht natürlich nur mit ganz frischem Lachs in sehr guter Qualität! Ein erfrischend leichtes und gesundes Gericht mit einer feinen Kombination verschiedener Geschmacksrichtungen.

200 g japanische Soba-Nudeln
2 TL Sesamöl
1 EL eingelegter Ingwer, gehackt
1 EL schwarze Sesamkörner
6 Frühlingszwiebeln, geputzt und diagonal geschnitten
1 EL Limettensaft
500 g Lachsfilet, in 1 cm dicke Scheiben geschnitten

Dip
Sojasauce

Die Nudeln nach Packungsangabe in leicht gesalzenem Wasser kochen. Abgießen und mit kaltem Wasser spülen, bis sie kalt sind. In eine Schüssel mit einigen Eiswürfeln geben, einige Minuten beiseite stellen, dann abgießen.

Die gekühlten Nudeln mit Sesamöl, Ingwer, Sesamkörnern, Frühlingszwiebeln und Limettensaft in einer Schüssel vermengen. Auf 4 Teller verteilen, den Lachs darauf anrichten und mit Sojasauce als Dip servieren.

Kabeljau mit süßer Sojasauce

Ketchup manis ist eine dicke, süße Sojasauce, die vor allem in der indonesischen Küche verwendet wird. Man bekommt sie in Asia-Läden, kann sie aber auch durch eine Mischung aus drei Esslöffeln Sojasauce und einem Esslöffel Tomatenketchup ersetzen.

4 Kabeljaufilets, je ca. 175 g
6 EL Ketchup manis (süße Sojasauce)
1 rote Chili, entkernt und fein gehackt
2 EL brauner Zucker
3 Knoblauchzehen, klein geschnitten
frischer Ingwer, ca. 2,5 cm groß, geschält und gehackt
2 EL Limettensaft

ALS BEILAGEN
15 g Thai-Basilikum oder Koriander
gedämpfter chinesischer Blätterkohl (Pak choi)
oder chinesischer Brokkoli

Kabeljaufilets in eine ofenfeste Form geben, die übrigen Zutaten darauf verteilen, mit Alufolie fest verschließen und im vorgeheizten Ofen bei 180 °C (Gas Stufe 4) 8–10 Min. braten, bis der Fisch innen weiß ist.

Mit Basilikum oder Koriander bestreuen, auf einem Bett aus Blätterkohl oder Brokkoli anrichten und mit der Sauce beträufeln.

Pfannkuchen mit Hähnchenfüllung

Wenn Sie ein Fan knuspriger, gefüllter Pfannkuchen sind, werden Sie von diesem Rezept begeistert sein: Es schmeckt typisch asiatisch und ist in wenigen Minuten zubereitet. Die fertigen Pfannkuchen gibt es im Asia-Laden.

4 Hähnchenbrustfilets ohne Haut, je 150 g
6 EL Hoisin-Sauce
12 chinesische Pfannkuchen
½ Gurke, in Stäbchen geschnitten
12 Frühlingszwiebeln, geputzt und dünn geschnitten
1 Hand voll frischer Koriander
4 EL Hoisin-Sauce, mit 3 EL Wasser gemischt

Hähnchenfilets zwischen Frischhaltefolie oder Backpapier gelegt 2 cm flach klopfen. Auf ein Backblech legen und mit Hoisin-Sauce bepinseln.

Unter dem vorgeheizten Grill 4 Min. garen, dann wenden, erneut einpinseln und weitere 3 Min. grillen, bis das Fleisch gar ist. Pfannkuchen in einem Bambusdämpfer ca. 3 Min. aufwärmen.

Hähnchenfleisch in dünne Streifen schneiden und auf einem Teller anrichten. Alle weiteren Zutaten in einzelnen Schälchen servieren, so dass jeder sich seine Pfannkuchen selbst füllen kann.

Vegetarisch

Spinatgnocchi mit einer Sauce aus dreierlei Käse

Fertige Gnocchi sind eine gute Alternative zu Pasta. Für einen besonderen Anlass kann man die kleinen Kartoffelklöße, den Spinat und die Käsesauce auch auf einzelne Teller verteilen und drei bis vier Minuten unter den Grill stellen, bis sie golden brutzeln.

500 g kochfertige Gnocchi
250 g Tiefkühlspinat, aufgetaut
250 g Mascarpone
50 g Dolcelatte
1 Prise geriebene Muskatnuss
2 EL frisch geriebener Parmesan
Salz, Pfeffer

Die Gnocchi in einem Kochtopf mit brodelndem Salzwasser geben. Sie sind fertig, wenn Sie an der Oberfläche schwimmen. Gut abtropfen lassen und in eine Pfanne geben.

Während die Gnocchi kochen, den Spinat abtropfen lassen und überschüssiges Wasser ausdrücken. Grob zerhacken.

Den Spinat unter die gekochten Gnocchi mischen. Mascarpone, Dolcelatte und Muskatnuss dazugeben und rühren, bis eine cremige Sauce entsteht. Mit Salz und Pfeffer abschmecken.

In eine hitzebeständige Schüssel füllen, mit Parmesan bestreuen und 5–6 Min. unter den vorgeheizten Grill stellen.

Käse-Kartoffelpüree
zu gebackenen Tomaten

Kartoffeln in Verbindung mit proteinhaltigen Zutaten sind eine ausgezeichnete Grundlage für viele vegetarische Gerichte. Verwenden Sie am besten eine mehlige Sorte, weil sie sich mit ihrer weichen, flockigen Beschaffenheit bestens für Püree eignen.

750 g mehlige Kartoffeln, gewürfelt
1 großes Stück Butter
4 EL Milch
1 kleine Knoblauchzehe, gepresst
250 g Cheddar, gerieben
1 EL Senf mit ganzen Körnern
Salz, Pfeffer

GEBACKENE TOMATEN
500 g kleine Strauchtomaten
1 EL gehackter Rosmarin
1 TL Zucker
Olivenöl zum Beträufeln

Die Tomaten am Strauch in eine flache, hitzebeständige Form legen. Rosmarin und Zucker darüber verteilen. Mit Olivenöl beträufeln und kräftig mit Salz und Pfeffer würzen. Im vorgeheizten Ofen bei 200 °C (Gas Stufe 6) 15–20 Min. backen, bis sie leicht gebräunt sind.

In der Zwischenzeit die Kartoffeln in einen Kochtopf mit Salzwasser geben. Wasser zum Kochen bringen und Kartoffeln etwa 10 Min. lang weich kochen. Gut abtropfen lassen und in den Topf zurückfüllen. Butter hinzugeben und Kartoffeln zerdrücken.

Kartoffelbrei erhitzen. Milch und Knoblauch unterrühren. Mit Salz und Pfeffer abschmecken und Kartoffelmasse mit einem Holzlöffel leicht schlagen. Nach und nach Käse und Senf hinzugeben und den Brei bei geringer Hitze weiter schlagen, bis die helle, glänzende Masse sich von der Topfwand löst. Mit den gebackenen Tomaten servieren.

Geschmorter Fenchel mit Pecorino

Fenchel hat einen wunderbaren, leicht anisartigen Geschmack, der bestens zu Käse passt: eine tolle Kombination für vegetarische Gerichte. Man kann auch große Fenchelknollen nehmen, die man in dicke Keile schneidet. Alternativen zu Pecorino sind Parmesan oder Fontina.

50 g Butter
12 kleine Fenchelknollen, geputzt und längs halbiert
150 ml Wasser
etwas Zitronensaft
1 TL Balsamico
3–4 EL frisch geriebener Parmesan
Salz, Pfeffer

Als Beilage
gekochte neue Kartoffeln

Butter in einer großen, hitzebeständigen Schmorpfanne schmelzen. Sobald sie nicht mehr schäumt, Fenchelhälften hinzugeben und auf jeder Seite 2 Min. goldbraun braten. Wasser und Zitronensaft hinzugeben. Mit Salz und Pfeffer würzen, zum Kochen bringen und ca. 20 Min. zugedeckt bei mittlerer Temperatur weich garen.

Balsamico hinzugeben und Flüssigkeit bei erhöhter Hitze auf die Hälfte einkochen. Die Pfanne vom Herd nehmen, den Käse hinzufügen und zugedeckt schmelzen lassen. Mit gekochten neuen Kartoffeln servieren.

Wintergemüse
mit Schnittlauchsauce

Zur Zubereitung dieses wohlschmeckenden, gehaltvollen Essens brauchen Sie einen großen Bräter, in dem das Gemüse nebeneinander gelegt werden kann. So wird es gleichmäßig gar und goldbraun.

1 kg gemischtes Wintergemüse
(Karotten, Pastinaken, Steckrüben, weiße Rüben)
12 neue Kartoffeln, evtl. halbiert
2 kleine Zwiebeln, geachtelt
12 Knoblauchzehen, ungeschält
1 Hand voll Thymian- und Rosmarinzweige
3 Lorbeerblätter
natives Olivenöl extra zum Beträufeln
Salz, Pfeffer

SCHNITTLAUCHSAUCE
300 ml saure Sahne
1 Bund klein geschnittener Schnittlauch

Gemüse putzen und etwa so klein schneiden wie die Kartoffeln, um ein gleichmäßiges Garen zu ermöglichen. Gemüse, Kartoffeln, Zwiebeln, Knoblauch, Kräuter, Öl, Salz und Pfeffer in einen großen Bräter füllen und gut vermischen, bis alles gleichmäßig mit Öl bedeckt ist.

Im vorgeheizten Ofen bei 230 °C (Gas Stufe 8) 50–60 Min. schmoren. Dabei von Zeit zu Zeit wenden, bis das Gemüse weich ist.

In der Zwischenzeit die Sauce zubereiten. Den Schnittlauch zu der sauren Sahne geben und mit Salz und Pfeffer abschmecken. Zugedeckt kühl stellen. Als Dip zum gegarten Gemüse reichen.

Käse-Rösti mit Pilzen und pochierten Eiern

Knusprig-goldene Kartoffelküchlein, belegt mit gegrillten Pilzen und pochierten Eiern, ergeben ein schmackhaftes Abendessen oder einen genussreichen Wochenend-Brunch. Verfeinern kann man jede Portion mit einem Löffel saurer Sahne und gehacktem frischen Schnittlauch.

500 g Kartoffeln, geschält und gerieben
1 Zwiebel, fein geschnitten
1 EL frischer gehackter Salbei
125 g Cheddar-Käse, gerieben
5 Eier
2 EL natives Olivenöl extra
4 große Wiesenchampignons
Salz, Pfeffer

Die geriebenen Kartoffeln in ein Sieb geben und überschüssige Flüssigkeit ausdrücken. In eine große Schüssel füllen und Zwiebel, Salbei, Käse und Gewürze hinzugeben. Die Masse mit einem leicht verschlagenen Ei gut vermengen.

Die Hälfte des Öls in einer beschichteten Pfanne erhitzen. Kartoffelmasse hineingeben und bei mittlerer Hitze 12 Min. garen, bis die Unterseite gebräunt ist.

Rösti auf einen großen Teller gleiten lassen und vorsichtig in die Pfanne stürzen. Weitere 12 Min. garen, bis die andere Seite ebenfalls gebräunt ist.

In der Zwischenzeit die Pilze mit dem Kopf nach unten in eine ofenfeste Form geben, mit dem übrigen Öl beträufeln und im vorgeheizten Ofen bei 220 °C (Gas Stufe 7) 20 Min. garen, bis sie weich sind.

Kurz vor dem Auftragen 4 Eier in einer Pfanne mit siedendem Wasser 3 Min. pochieren. Rösti in Kuchenstücke schneiden und mit Pilzen und Eiern belegt servieren.

Kräuteromelette mit Crème fraîche und Avocado

Eier sind eine hervorragende Eiweißquelle und damit für die meisten Vegetarier ein wertvoller Bestandteil ihrer Mahlzeiten. Dieses ausgefallene Omelette ist ein schönes Beispiel für die kreative vegetarische Küche. Omelettes schmecken frisch zubereitet am besten und werden deshalb nacheinander gebacken und jeweils gleich aufgetragen.

12 Eier
4 EL gemischte gehackte Kräuter
(Kerbel, Schnittlauch, Majoran, Petersilie, Estragon)
50 g Butter
4 TL Crème fraîche
1 Avocado, geschält, entkernt und in
dünne Scheiben geschnitten
Salz, Pfeffer

Eier mit Kräutern verquirlen und mit Pfeffer und Salz abschmecken. Ein Viertel der Butter in einer Omelettepfanne oder einer kleinen Bratpfanne schmelzen, bis sie nicht mehr schäumt. Ein Viertel der Eimasse in die Pfanne geben und darauf achten, dass sie sich gleichmäßig verteilt.

Wenn die Oberseite in der Mitte noch weich und die Unterseite bereits fest ist, Omelette vorsichtig auf einen vorgewärmten Teller gleiten lassen und in der Mitte zusammenklappen.

Mit der restlichen Eimasse für 3 weitere Omelettes ebenso verfahren. Crème fraîche und Avocadoscheiben auf jedes Omelette geben und sofort auftragen.

Mediterranes Ziegenkäseomelette

Dieses mit cremigem Ziegenkäse gefüllte und mit Basilikum-Tomaten servierte Omelette hat den Geschmack des Mittelmeers. Farblich sehr wirkungsvoll ist eine Kombination aus roten und gelben Cocktailtomaten.

4 EL natives Olivenöl extra
500 g Cocktailtomaten, halbiert
etwas Basilikum, gehackt
12 Eier
2 EL Senf mit ganzen Körnern
50 g Butter
100 g weicher Ziegenkäse, gewürfelt
Salz, Pfeffer

Zum Garnieren
Brunnenkresse

Öl in einer Pfanne erhitzen und die Tomaten 2–3 Min. (evtl. in 2 Vorgängen) darin braten, bis sie weich sind. Basilikum hinzufügen, mit Salz und Pfeffer abschmecken, in eine Schüssel geben und warm stellen.

Eier mit Senf verschlagen und mit Salz und Pfeffer würzen. Ein Viertel der Butter in einer Omelettepfanne oder einer kleinen Bratpfanne schmelzen, bis sie nicht mehr schäumt. Ein Viertel der Eimasse in die Pfanne geben und darauf achten, dass sie gleichmäßig gart.

Wenn die Oberseite in der Mitte noch weich und die Unterseite bereits fest ist, ein Viertel des Ziegenkäses darüber streuen und weitere 30 Sek. garen lassen. Omelette vorsichtig auf einen vorgewärmten Teller gleiten lassen und in der Mitte zusammenklappen.

Mit der restlichen Eimasse für 3 weitere Omelettes ebenso verfahren. Mit Brunnenkresse garnieren und zusammen mit den Tomaten auftragen.

Käse-Makkaroni

Dieses herzhafte, wärmende Gericht wird mit vegetarischem Bacon zubereitet, den man in Bioläden und größeren Supermärkten bekommt – und der ein guter Ersatz für das eigentliche Produkt ist. Vegetarier, die auf Fleischersatzprodukte lieber verzichten, lassen den Schinken einfach weg.

250 g Makkaroni
2 EL natives Olivenöl extra
1 Zwiebel, fein geschnitten
2 Knoblauchzehen, gepresst
2 TL gehackter Rosmarin
125 g vegetarischer Bacon, in Streifen geschnitten
200 ml Sahne
200 ml Milch
200 g Cheddar, gerieben
Salz, Pfeffer

Als Beilage
grüner Salat

Makkaroni in einem Topf mit kochendem, leicht gesalzenem Wasser 10–12 Min. garen. Abtropfen lassen und beiseite stellen.

In der Zwischenzeit Öl in einem großen Topf erhitzen und Zwiebel mit Knoblauch, Rosmarin und evtl. Schinken bei milder Hitze 5 Min. dünsten. Sahne und Milch hinzugeben und aufkochen. Topf vom Herd nehmen und zwei Drittel des Käses in die Sauce rühren. Mit Salz und Pfeffer abschmecken.

Die gekochten Makkaroni in die Sauce geben, umrühren und in vier kleine, hitzebeständige Formen verteilen. Den restlichen Käse darüber streuen und im vorgeheizten Ofen bei 230 °C (Gas Stufe 8) 10–12 Min. überbacken. Vor dem Auftragen leicht abkühlen lassen und mit einem knackigen grünen Salat servieren.

Würzige Polenta mit Kräutern und Parmesan

In Norditalien ist das als Polenta bekannte Maismehl ein Grundnahrungsmittel und wird mit Wasser zu einem köstlichen Brei verarbeitet. Es kann als Beilage zu Eintopf oder als eigenes Gericht serviert werden. Die hier vorgestellte Variante ergibt eine weiche Polenta. Bei längerem Garen im Backofen nimmt sie eine festere Konsistenz an.

900 ml Wasser
1 TL Salz
50 g Butter
1 Knoblauchzehe, gepresst
1 Prise getrocknete Chiliflocken
150 g Polenta
2 EL gemischte gehackte Kräuter
(Basilikum, Schnittlauch, Petersilie, Thymian)
50 g frisch geriebener Parmesan
Pfeffer

Als Beilage
grüner Salat

Wasser mit Salz in einem großen Topf zum Sieden bringen. In der Zwischenzeit die Hälfte der Butter schmelzen und Knoblauch und Chiliflocken 1 Min. lang darin dünsten, aber nicht braun werden lassen. Topf vom Herd nehmen.

Polenta unter ständigem Rühren langsam und gleichmäßig in das Wasser einstreuen. Knoblauchbutter und Kräuter hinzugeben und bei milder Hitze 8–10 Min. rühren, bis die Polenta fester wird und sich vom Topfrand löst. Topf vom Herd nehmen und die restliche Butter und den Käse unterrühren. Mit Salz und Pfeffer abschmecken. In kleine Schüsseln füllen und sofort mit Parmesan und grünem Salat auftragen.

Gebratener Kürbis mit Walnuss-Rucola-Pesto

Ein aromatisches und schnell zubereitetes Mittag- oder Abendessen. Wählen Sie einen kleinen, runden Kürbis, der sich leicht zerteilen lässt. Übrig gebliebenes Pesto hält sich in einem luftdichten Behälter bis zu fünf Tage im Kühlschrank und passt hervorragend zu Spaghetti.

1 Kürbis
natives Olivenöl extra zum Bestreichen
Salz, Pfeffer

ZUM GARNIEREN
Rucola

PESTO
50 g geröstete Walnüsse
2 Frühlingszwiebeln, geputzt und gehackt
1 große Knoblauchzehe, gepresst
50 g Rucola
3 EL Walnussöl
3 EL natives Olivenöl extra

Ungeschälten Kürbis in 8 Stücke zerteilen und die Kerne entfernen. Mit Olivenöl bestreichen, salzen und pfeffern und in eine große Auflaufform füllen. Im vorgeheizten Ofen bei 220 °C (Gas Stufe 7) 20–25 Min. weich garen. Nach der Hälfte der Zeit wenden.

In der Zwischenzeit das Pesto zubereiten. Dazu Walnüsse, Frühlingszwiebeln, Knoblauch und Rucola in einem Mixer zerkleinern. Nach und nach die Öle dazugeben und mit Salz und Pfeffer abschmecken. Kürbis mit Pesto und Rucola-Blättern servieren.

Tofu-Salat mit chinesischer Marinade

Dieser leichte und erfrischende Salat eignet sich als Vorspeise ebenso wie als Bestandteil eines chinesischen Essens, etwa mit *Szechuan-Aubergine* (s. S. 125) oder *Chinesischem Eierreis* (s. S. 89).

- 1 kleine Gurke, gestiftelt
- 1 große Möhre, gestiftelt
- 150 g marinierter Tofu, in dünne Scheiben geschnitten
- 4 Frühlingszwiebeln, fein geschnitten
- 125 g Chinakohl, fein geschnitten
- 1 Hand voll Minze- und Korianderblätter
- 1 EL Sesamsamen

Dressing

- 2 EL Zucker
- 4 EL Reisweinessig
- 1 EL helle Sojasauce
- ½ TL Sesamöl
- 1 Prise Cayenne-Pfeffer
- 1 Prise Szechuan-Pfeffer

Für das Dressing Zucker und Essig in einem kleinen Topf erhitzen, bis der Zucker sich aufgelöst hat, dann 2–3 Min. bei milder Hitze leicht eindicken. In einer Glas- oder Metallschüssel abkühlen lassen und mit den restlichen Dressing-Zutaten vermengen.

Gurken- und Karottenstifte in eine große Schüssel geben. Mit Tofu, Frühlingszwiebeln, Chinakohl, Kräutern und Sesamsamen vermengen. Das Dressing darüber geben und vermischen, bis alle Zutaten damit überzogen sind. Sofort servieren.

Gebackene Pilze auf Toast

Pilze eignen sich hervorragend für einen Snack oder ein kleines Abendessen, sie bleiben überbacken auch geschmacklich bestens in Form. Nehmen Sie gleich große Pilze, damit sie gleichmäßig garen.

8 große, flache Pilze (z.B. Austernpilze)
2 Knoblauchzehen, gepresst
125 ml natives Olivenöl extra
2 TL gehackter Thymian
geriebene Schale und Saft 1 Zitrone
2 EL gehackte Petersilie
Salz, Pfeffer
4 Scheiben Toast, mit Butter bestrichen

ZUM GARNIEREN
Rucola
Parmesan-Splitter

Pilze mit dem Stängel nach oben in eine große, feuerfeste Form legen und mit Salz und Pfeffer würzen. Knoblauch, Öl und Thymian in eine Schüssel geben. Mit der abgeriebenen Zitronenschale (einen Rest zum Garnieren aufbewahren) vermengen. Die Hälfte der Sauce über die Pilze verteilen.

Pilze im vorgeheizten Ofen bei 220 °C (Gas Stufe 7) 20 Min. überbacken, bis sie weich sind. Petersilie darüber streuen und mit Zitronensaft beträufeln.

Pilze auf den Toastscheiben anrichten und mit der restlichen Sauce beträufeln. Mit Rucola, dem restlichen Zitronenabrieb und Parmesan garnieren.

Gefüllte Ofenpaprika

Zwar hat dieses Gericht eine Garzeit von bis zu einer Stunde, doch ist es schnell und einfach zubereitet. Während es im Ofen schmurgelt, kann man ausgiebig bei einem Aperitif entspannen.

4 große rote Paprikaschoten
2 Knoblauchzehen, gepresst
1 EL gehackter Thymian, zusätzlich etwas zum Garnieren
4 Eiertomaten, halbiert
4 EL natives Olivenöl extra
2 EL Balsamico-Essig
Salz, Pfeffer

ALS BEILAGEN
Krustenbrot
Salatherzen

Paprikaschoten längs durchschneiden und Kerngehäuse entfernen. Die Paprikahälften mit der Innenseite nach oben in eine Bratform auf Alufolie legen. Knoblauch und Thymian auf die Hälften verteilen. Salzen und pfeffern.

In jede Paprikahälfte eine halbe Tomate geben, mit Essig und Öl beträufeln und im vorgeheizten Ofen bei 220 °C (Gas Stufe 7) 55–60 Min. lang garen, bis die Paprika weich und am Rand gut gebräunt sind. Mit Krustenbrot zum Auftunken der Sauce und einem knackigen Salat servieren.

Sahnelinsen mit Stangensellerie

In der vegetarischen Ernährung spielen Linsen, wie Bohnen und Hülsenfrüchte ganz allgemein, eine große Rolle, denn sie sind eine geschmackvolle Quelle für pflanzliches Protein. Dieses Gericht ist ein unwiderstehliches Beispiel für ein stärkendes, fleischloses Essen.

40 g Butter
1 Zwiebel, fein geschnitten
1 Knoblauchzehe, fein geschnitten
1 TL gemahlener Kreuzkümmel
1 Karotte, gewürfelt
2 Selleriestangen, gewürfelt
2 Dosen grüne Linsen à 400 g, gewaschen, abgetropft
150 ml Gemüsebrühe
2 Lorbeerblätter
125 ml saure Sahne
Salz, Pfeffer

ZUM GARNIEREN
gehackte Sellerieblätter

ALS BEILAGE
Krustenbrot

Butter in einem Topf schmelzen. Zwiebel, Knoblauch und Kreuzkümmel 5 Min. bei milder Hitze dünsten. Möhre und Sellerie hinzugeben und weitere 5 Min. dünsten.

Linsen dazugeben, umrühren und Suppengrün und Lorbeerblatt hinzufügen. Aufkochen und 15 Min. köcheln lassen. Die saure Sahne einrühren, mit Salz und Pfeffer abschmecken und noch einmal erhitzen. Mit Sellerieblättern garnieren und mit Krustenbrot auftragen.

Rote Currylinsen

Die Verwendung von echten Curryblättern für die Zubereitung dieses aromatischen indischen Linsengerichts macht sich bezahlt. Curryblätter sind in den meisten asiatischen Lebensmittelläden erhältlich.

1 Zwiebel, gehackt
2 Knoblauchzehen, gehackt
2 TL frischer geriebener Ingwer
3 EL Pflanzenöl
1 EL mittelscharfer Curry
1 TL Kurkuma (Gelbwurz)
½ TL Zimt
8–12 Curryblätter (nach Belieben)
1 Dose (400 g) geschälte und gehackte Tomaten
250 g getrocknete rote Linsen
600 ml Gemüsebrühe
Salz, Pfeffer

ALS BEILAGEN
Joghurt
gehackter frischer Koriander

Zwiebel, Knoblauch und Ingwer in der Küchenmaschine oder mit dem Pürierstab zerkleinern. Öl in einem Topf erhitzen, Zwiebelgemisch, Gewürze und Curryblätter hineingeben. Bei milder Hitze 5 Min. garen.

Tomaten, Linsen und Suppengrün dazugeben, aufkochen und in geschlossenem Topf bei milder Hitze rund 20 Min. kochen lassen, bis die Linsen gar sind und die Sauce eingedickt ist. Mit Salz und Pfeffer abschmecken. Mit Joghurt und Koriander servieren.

Eintopf mit Safran und weißen Bohnen

Safran verleiht diesem herzhaften, südländischen Eintopf eine schöne, goldgelbe Farbe und ein ganz besonderes Aroma. Anstelle von frischen Lorbeerblättern kann man auch getrocknete verwenden, dann allerdings nur ein einziges, da sie ein kräftigeres Aroma haben.

4 EL natives Olivenöl extra
1 Zwiebel, gehackt
2 Knoblauchzehen, gepresst
1 EL Salbei, gehackt
5 Eiertomaten, grob gehackt
75 ml trockener Weißwein
¼ TL Safran
2 Dosen (à 400 g) Cannellini-Bohnen, abgespült und abgetropft
2 frische Lorbeerblätter
Salz, Pfeffer

Beilagen
frisch geriebener Parmesan
Krustenbrot

Öl in einer Bratpfanne oder einer großen, feuerfesten Form erhitzen. Zwiebeln, Knoblauch und Salbei 5 Min. weich dünsten, aber nicht bräunen. Tomaten dazugeben und 1 Min. kochen lassen. Wein und Safran unterrühren und weitere 2 Min. einkochen lassen.

Bohnen, Lorbeerblätter, Salz und Pfeffer hinzufügen und mit Deckel 20 Min. bei milder Hitze garen.

Den Deckel abnehmen und weitere 5 Min. garen, bis die Flüssigkeit reduziert ist. Mit Salz und Pfeffer abschmecken. Den Eintopf auf Teller geben, mit Parmesan bestreuen und mit Krustenbrot servieren.

Gegrillter Spargel mit Feta-Aïoli

Dieses raffinierte Rezept empfiehlt sich als ein genussvolles Sommergericht in der Spargelsaison. Vom geputzten Spargel muss man lediglich das trockene untere Ende entfernen.

1 kg grüner Spargel, geputzt
natives Olivenöl extra zum Beträufeln
200 g Feta-Käse, zerkrümelt
2 Knoblauchzehen, gepresst
1 EL Weißweinessig
3–4 EL natives Olivenöl extra
Salz, Pfeffer

ALS BEILAGE
gekochte neue Kartoffeln

Den geputzten Spargel in etwas Öl wenden, salzen und pfeffern. In einer vorgeheizten, gerillten Grillpfanne oder unter dem vorgeheizten Grill 3–4 Min. von beiden Seiten garen, bis er weich und gut gebräunt ist.

In der Zwischenzeit Feta, Knoblauch und Essig in einer Küchenmaschine oder mit einem Pürierstab zerkleinern. Öl erst tropfenweise, dann in dünnem Strahl hinzugießen, bis eine glatte, glänzende Sauce entsteht. Mit Pfeffer abschmecken.

Die Aïoli in eine Schüssel füllen und als Dip zum Spargel reichen. Mit gekochten neuen Kartoffeln servieren.

Kokosreis mit Bohnen

Dem karibischen Rice n' peas ist dieses Gericht nachempfunden, das nach einem Risotto aussieht, aber ganz anders schmeckt. Der in Kokosmilch gekochte, sämige Reis hat ein wunderbares Aroma. Er kann als Hauptgericht oder als Beilage zu geschmortem Gemüse gereicht werden.

2 EL Pflanzenöl
1 rote Zwiebel, gehackt
2 Knoblauchzehen, gepresst
1 TL Jerk seasoning (karibische Würzmarinade)
150 g Langkornreis
1 Dose (400 g) schwarzäugige Bohnen, gewaschen und abgetropft
1 Dose (400 g) gehäutete und gehackte Tomaten
300 ml Kokosmilch
1 Zimtstange
2 EL Koriander, gehackt
Salz, Pfeffer

Öl in einem Topf erhitzen. Zwiebel, Knoblauch und Jerk seasoning 5 Min. bei milder Hitze braten. Den Reis einstreuen und umrühren. Bohnen, Tomaten, Kokosmilch und Zimtstange hinzufügen. Mit Salz und Pfeffer würzen. Aufkochen lassen und in geschlossenem Topf bei sehr milder Hitze 20 Min. garen. Vom Herd nehmen, den Koriander unterrühren und im geschlossenen Topf vor dem Auftragen noch 5 Min. ruhen lassen.

Würziger Couscous-Salat

Couscous stammt aus der nordafrikanischen Küche, in der er in Wasserdampf gegart wird. Mit seiner flockigen Konsistenz ist er eine sehr gute Grundlage für Salate. Für dieses Rezept eignet sich Instant-Couscous, der in heißem Wasser eingeweicht wird. Manche Sorten haben eine längere Garzeit.

200 ml Gemüsebrühe
200 ml Orangensaft
1 TL Zimtpulver
½ TL gemahlener Koriander
250 g Instant-Couscous
75 g Rosinen
2 reife Tomaten, gehackt
¼ kandierte Zitrone, gehackt (nach Belieben)
½ Bund Petersilie, grob gehackt
½ Bund Minze, grob gehackt
1 Knoblauchzehe, gepresst
4 EL natives Olivenöl extra
Salz, Pfeffer

Gemüsebrühe, Orangensaft und ½ TL Salz in einem Topf zum Kochen bringen, Couscous einstreuen und den Topf vom Herd nehmen. Zugedeckt 10 Min. stehen lassen.

Rosinen, Tomaten, wenn gewünscht kandierte Zitrone, Kräuter, Knoblauch und Öl in einer großen Schüssel vermengen. Den eingeweichten Couscous unterrühren und mit Salz und Pfeffer abschmecken. Warm servieren oder vorher auf Zimmertemperatur abkühlen lassen.

Marokkanischer Reis mit kandierter Zitrone

Kandierte Zitronen gehören in Nordafrika zu den traditionellen Zutaten für Reis und Eintöpfe. Sie sind in arabischen Spezialitätenläden erhältlich oder sind als „Citronat" in jedem Backzutatenregal zu finden.

250 g Basmati-Reis
3 EL natives Olivenöl extra
1 Zwiebel, gehackt
2 Knoblauchzehen, gepresst
1 TL Kreuzkümmel
50 g entsteinte schwarze Oliven, grob gehackt
50 g halb getrocknete Tomaten, grob gehackt
1 EL gehackte kandierte Zitrone
2 EL gehackte Minze
50 g geröstete Cashew-Nüsse
Salz, Pfeffer

Reis unter kaltem Wasser abspülen, bis das Wasser klar bleibt, gut abtropfen lassen und in einen Topf geben. Mit Wasser bedecken, 1 TL Salz hinzufügen und zum Kochen bringen. 5 Min. kochen, gut abtropfen lassen und trocken schwenken.

In der Zwischenzeit Öl in einem Topf erhitzen und Zwiebel, Knoblauch und Kreuzkümmel 5 Min. bei milder Hitze dünsten. Den Reis und die übrigen Zutaten mit Ausnahme der Cashew-Nüsse hinzugeben und 1 Min. unter ständigem Rühren braten, bis alle Körner glänzen.

Die Nüsse über den Reis streuen und im abgedeckten Topf 10 Min. ruhen lassen. Gut umrühren, mit Salz und Pfeffer abschmecken und servieren.

Aromatische Frühlingszwiebeln mit Ingwerreis

Vor dem Kochen sollte der Reis, eventuell mehrfach, unter kaltem Wasser abgespült werden, bis das Wasser klar bleibt; dadurch wird überschüssige Stärke ausgewaschen, so dass der Reis beim Kochen körnig und locker bleibt – perfekt für dieses pikant-aromatische, pfannengerührte Gericht.

300 g Langkornreis
1 TL Salz
3 zerstoßene Kardamomkapseln
600 ml Wasser
2 EL Sonnenblumenöl
1 grüne Chilischote, entkernt und grob gehackt
1 EL frischer geriebener Ingwer
2 Knoblauchzehen, gepresst
1 Bund Frühlingszwiebeln, geputzt und fein gehackt
2 Zucchini, in dünne Scheiben geschnitten
2 EL helle Sojasauce
1 EL Zitronensaft

Reis unter kaltem Wasser abspülen, bis das Wasser klar bleibt, und gut abtropfen lassen. Mit Salz, Kardamom und der nötigen Menge Wasser in einen Topf geben.

Zum Kochen bringen und ohne Deckel 5 Min. bei milder Hitze garen. Topf fest verschließen und weitere 5 Min. garen, bis der Reis weich ist.

Öl in einem großen Wok oder einer Bratpfanne erhitzen, Chili, Ingwer, Knoblauch, Frühlingszwiebeln und Zucchini hinzufügen und 1 Min. braten. Den gekochten Reis, Koriander, Sojasauce und Zitronensaft dazugeben und bei geringer Hitze 2 Min. rühren. Heiß auftragen.

Kürbis mit Graupen-Risotto

Im Gegensatz zu Risotto-Reis müssen Perlgraupen nicht ständig gerührt werden. Das Getreide wird durch den Garvorgang zart, behält aber seinen Biss und verleiht dem fertigen Gericht seine besondere Konsistenz. Für 500 g Kürbisfleisch ohne Schale benötigt man übrigens einen mindestens 1 kg schweren Kürbis.

4 EL natives Olivenöl extra
1 Zwiebel, gehackt
2 Knoblauchzehen, zerdrückt
1 rote Chilischote, entkernt und fein gehackt
1 EL gehackter Rosmarin
375 g Perlgraupen
500 g Kürbisfleisch, klein geschnitten
1,2 l Gemüsebrühe
50 g geriebener Parmesan
50 g Mascarpone
Salz, Pfeffer

Öl in einem großen Topf erhitzen. Zwiebel, Knoblauch, Chili und Rosmarin 5 Min. braten. Graupen einstreuen und 1 Min. unter ständigem Rühren garen, bis das Getreide glänzt.

Kürbis dazugeben und gut umrühren, mit Gemüsebrühe auffüllen und zum Kochen bringen. Bei mittlerer Hitze 25–30 Min. garen und hin und wieder umrühren, bis die Flüssigkeit aufgesogen ist und die Graupen weich sind.

Topf vom Herd nehmen, Parmesan und Mascarpone unterrühren. Den geschlossenen Topf 5 Min. stehen lassen. Mit Salz und Pfeffer abschmecken, Parmesan darüber reiben und sofort auftragen.

Fisch und Meeresfrüchte

Seeteufelschwanz mit Kartoffeln und Pancetta

Mit seinem festen Fleisch ist der aromatische Seeteufel eine hervorragende Alternative zum traditionellen Braten. Er ist das ganze Jahr über erhältlich, schmeckt aber im Frühling und Sommer besonders gut. Pancetta, den luftgetrockneten Bauchspeck aus Italien, findet man in manchen Supermärkten und in italienischen Feinkostläden. Man kann stattdessen aber auch einen hiesigen durchwachsenen Bauchspeck nehmen.

750 g große neue Kartoffeln
1 große Zwiebel, in schmale Keile geschnitten
125 g Pancetta, gewürfelt
natives Olivenöl extra zum Beträufeln
1 kleines Bund Salbeiblätter
1 kg Seeteufelschwanz mit Knochen
Salz, Pfeffer

Kartoffeln in 5 mm dicke Scheiben schneiden und mit Zwiebeln, Pancetta, ein wenig Öl und den Salbeiblättern vermengen. Salzen und pfeffern und in eine große Bratenform füllen. Im vorgeheizten Ofen bei 220 °C (Gas Stufe 7) 20 Min. garen.

Den Seeteufel von allen Hautresten befreien, waschen und trocken tupfen. Mit etwas Olivenöl bestreichen, salzen und pfeffern. Eine schwere Pfanne erhitzen und den Fisch darin 3–4 Min. rundherum anbraten.

Seeteufel in der Bratenform zwischen Kartoffeln und Zwiebeln betten und in 20–25 Min. durchgaren. Aus dem Ofen nehmen, locker mit Alufolie bedecken und 5 Min. ruhen lassen. Mit dem Gemüse auftragen.

Riesengarnelen mit Aïoli aus kandierten Zitronen

Ein wunderbares Sommergericht, vor allem wenn man nicht viel Zeit zum Vorbereiten hat. Zu den Riesengarnelen wird eine ebenso köstliche wie ungewöhnliche Zitronen-Aïoli gereicht – Erfolg garantiert!

1 kg gekochte Riesengarnelen

Aïoli

1 Eigelb
1 TL Zitronensaft
1 Knoblauchzehe, gepresst
1 TL gehackte kandierte Zitrone (Citronat)
150 ml Olivenöl
Salz

Beilagen

Baguette
knackiger Blattsalat (Romana, Little Gem)

Die Riesengarnelen nach Belieben schälen und von dem schwarzen, fadenähnlichen Darm befreien. Garnelen auf einer großen Platte anrichten.

Für die Aïoli Eigelb, Zitronensaft, Knoblauch, kandierte Zitrone und eine gute Prise Salz in einer Küchenmaschine kurz zu einer schaumigen Masse verquirlen. Unter ständigem Rühren Öl tröpfchenweise dazugeben, so dass eine sämige, glänzende Sauce entsteht. Sollte sie zu dick geraten, etwas heißes Wasser hinzugeben.

Aïoli in eine Schüssel füllen und mit Garnelen, Brot und Salat auftragen.

Lachs in Blätterteig

Da der hauchdünne griechische Filo-Blätterteig an der Luft leicht austrocknet, sollte er immer mit einem feuchten Geschirrtuch abgedeckt werden. Übrig gebliebener Teig kann in Folie verpackt wieder eingefroren werden.

8 Filo-Teigblätter
4 EL natives Olivenöl extra
4 enthäutete Lachsfilets à 175 g
8 EL küchenfertiges Pesto
Salz, Pfeffer

BEILAGE
gedünstete Spargelspitzen

Ein Teigblatt auf die Arbeitsfläche legen. Ein zweites darüber legen, in der Mitte zu einem Quadrat falten und mit etwas Öl bepinseln. Ein Lachsfilet längs eines Teigrandes legen, salzen und pfeffern und mit 2 TL Pesto bestreichen.

Die seitlichen Ränder des Teigs einschlagen, erneut mit Öl bestreichen und um den Lachs zu einem festen Päckchen zusammenrollen. Den restlichen Teig und Fisch zu drei weiteren Päckchen verarbeiten.

Alle 4 mit Öl einpinseln, auf ein vorgewärmtes Backblech legen und im vorgeheizten Backofen bei 220 °C (Gas Stufe 7) 12 Min. garen, bis der Teig knusprig und goldbraun ist. 5 Min. ruhen lassen und mit gedünstetem Spargel auftragen.

Fisch-Käse-Pie

Dieses hervorragende Familienessen braucht nur die halbe Zeit, wenn Sie die Teigkruste separat zubereiten und die Pie erst auf dem Teller zusammensetzen. Barbe oder Rotauge kann durch einen beliebigen anderen weißfleischigen Fisch, wie Schellfisch oder Dorsch, ersetzt werden.

Tiefkühlblätterteig, aufgetaut, ausgerollt ca. 25 cm
350 g gehäutete Barbe oder Rotauge, gewürfelt
250 g Riesengarnelen, roh, geschält und ausgenommen
200 g Tiefkühlblattspinat, aufgetaut
4 Frühlingszwiebeln, geputzt und in dünne Ringe geschnitten
1 EL Estragon, gehackt
300 ml Crème double
50 g Gruyère, gerieben
Salz, Pfeffer

ALS BEILAGE
gedünsteter Brokkoli

Fisch und Riesengarnelen in eine feuerfeste Form legen. Den aufgetauten Spinat gut ausdrücken, grob hacken und mit Frühlingszwiebeln und Estragon zum Fisch geben.

Kräftig salzen und pfeffern, die Crème double darüber verteilen und mit Käse bestreuen. Im vorgeheizten Backofen bei 220 °C (Gas Stufe 7) 25 Min. garen, bis die Masse sich goldgelb gefärbt hat. Dabei nach der halben Garzeit durchrühren.

In der Zwischenzeit den Blätterteig in vier Stücke schneiden, mit einer Gabel einstechen und auf ein vorgewärmtes Backblech legen. Nach der halben Garzeit des Fisches in den Ofen geben und 10–12 Min. goldgelb backen.

Den Fisch auf einzelnen Tellern anrichten und jede Portion mit einem Stück Blätterteig belegen. Sofort mit gedünstetem Brokkoli auftragen.

Makrele mit Zitronen und Oliven

Eine würzige und vor allem auch gesunde Zubereitung mit Kräutern und Gewürzen, die sich gleichermaßen als Mittag- wie Abendessen eignet. Thymian und Kreuzkümmel entfalten ihr volles Aroma, wenn man sie im Mörser zerreibt oder auf der Arbeitsfläche mit dem Nudelholz zerkleinert.

4 Makrelen à 300 g, ausgenommen und ohne Kopf
1 kleiner Bund Thymian, zerrieben
1 TL Kreuzkümmel, zerrieben
2 EL natives Olivenöl extra
1 Zitrone, in Scheiben geschnitten
2 Lorbeerblätter
125 g schwarze Oliven
2 TL Zitronensaft
Salz, Pfeffer

Als Beilage
Salat aus Tomaten, Basilikum und Zwiebeln

Mit einem scharfen Messer den Fisch auf beiden Seiten 3-mal quer einschneiden. Thymian, Kreuzkümmel und Öl miteinander vermengen. Salz und Pfeffer hinzugeben und den Fisch mit der Mischung einreiben; den Rest in die Einschnitte füllen.

Die Makrelen in eine Bratform legen. Zitronenscheiben, Lorbeerblätter und Oliven darüber verteilen. Mit Zitronensaft und etwas Olivenöl beträufeln. Salzen und pfeffern und im vorgeheizten Backofen bei 220 °C (Gas Stufe 7) 15 Min. garen, bis der Fisch weiß ist. Mit einem Salat aus Tomaten, Basilikum und Zwiebeln servieren.

Muschelsalat nach thailändischer Art

Frische, zarte Muscheln sind immer ein Hochgenuss. Hier werden sie auf eine typisch thailändische Art garniert: mit knusprigen Schalotten. Diese kann man schnell zubereiten, indem man vier in Scheiben geschnittene Schalotten fünf bis sechs Minuten in Sonnenblumenöl knusprig braun brät und auf Küchenpapier trocknet.

1 kleine Gurke, fein geschnitten
1 Chicoree, geschnitten
3 Frühlingszwiebeln, geputzt und fein geschnitten
1 große rote Chili, entkernt und klein geschnitten
je 1 Hand voll Thai-Basilikum-, Koriander- und Minzeblätter
16 große Muscheln, quer halbiert
natives Olivenöl extra zum Bestreichen
Salz, Pfeffer

Zum Garnieren
knusprig gebratene Schalotten zum Garnieren (nach Belieben)

Dressing
50 g Palm- oder Rohrzucker
2 EL Limettensaft
2 EL thailändische Fischsauce
1 EL Wasser

Für das Dressing Zucker, Limettensaft, Fischsauce und Wasser in einer kleinen Pfanne sanft erhitzen, bis der Zucker sich auflöst. 1–2 Min. sieden lassen, bis eine sirupartige Flüssigkeit entsteht.

Gurke, Chicoree, Zwiebeln, Chili und Kräuter in einer Schüssel vermengen. Die Muscheln mit etwas Öl bestreichen, salzen und pfeffern. In einer vorgewärmten, gerillten Grillpfanne von beiden Seiten 20 Sek. braten.

Muscheln auf Tellern anrichten, den Salat darüber verteilen und das Dressing darüber geben. Nach Belieben mit knusprig gebratenen Schalotten garnieren.

Kabeljau in Kräuter-Parmesan-Kruste

Eine wunderbare Art, Kabeljau zuzubereiten: Während der Kräuter- und Parmesanmantel außen knusprig braun wird, bleibt der Fisch darunter zart und saftig. Wenn es einmal schneller gehen soll, muss der Fisch zwischendurch nicht unbedingt kalt gestellt werden.

75 g weiche Butter
1 EL Basilikum, gehackt
2 TL Thymian, gehackt
4 gehäutete Kabeljaufilets à 175 g
4 EL Semmelbrösel
2 EL frisch geriebener Parmesan
abgeriebene Schale einer ½ Zitrone
Salz, Pfeffer

Beilagen
gedünstete Bohnen
halbierte Cherrytomaten

Kräuter mit der Butter vermengen, salzen und pfeffern. Gleichmäßig auf der Oberseite der Kabeljaufilets verteilen.

Semmelbrösel, Parmesan und Zitronenabrieb auf einem Teller miteinander vermischen und die gebutterten Fischfilets damit panieren. Auf ein mit Backpapier bedecktes Blech legen und die restliche Panade auf dem Fisch verteilen. Wenn möglich 30 Min. kalt stellen.

Im vorgeheizten Backofen bei 220 °C (Gas Stufe 7) 8–10 Min. garen, bis die Kruste goldgelb ist. Aus dem Ofen nehmen, locker mit Folie abdecken und 5 Min. ruhen lassen. Dann mit Bohnen und Tomaten servieren.

Gegrillte Rotzunge mit Kapernsauce

Rotzungen haben ein zartes, schmackhaftes Fleisch, das mit der Kapernsauce perfekt harmoniert. Da es sich um große Fische handelt, sollte man eventuell nur je zwei auf einmal in den Ofen geben, wenn man keinen ausreichend großen Rost hat.

4 gehäutete Rotzungen à 300 g
natives Olivenöl extra zum Sprühen
150 g Butter
8 EL kleine Kapern, abgespült und abgetropft
2 EL Petersilie, gehackt
2 EL Schnittlauch, gehackt
4 EL Zitronensaft
Salz, Pfeffer

ALS BEILAGE
gedünstete Möhren- und Zucchinistifte

Rotzungen mit Öl besprühen und auf beiden Seiten salzen und pfeffern. Auf einen mit Alufolie belegten Grillrost legen und unter dem vorgeheizten Grill auf jeder Seite 3 Min. garen. Auf einer vorgewärmten Platte anrichten und mit Folie bedeckt 5 Min. ruhen lassen.

In der Zwischenzeit die Butter in einem Topf schmelzen. Kapern dazugeben und bei milder Hitze 1 Min. dünsten. Kräuter, Zitronensaft und Pfeffer hinzufügen und Topf vom Herd nehmen. Die Sauce über die Fische verteilen und sofort mit gedünsteten Möhren und Zucchini servieren.

Gebratener Seeteufel mit sizilianischer Tomatensauce

Das süßlich-herbe Aroma der Tomatensauce entsteht durch die Kombination von Oliven, Kapern, Sardellen und Pinienkernen, wie sie für die sizilianische Küche typisch ist.

4 Seeteufelfilets à 250 g
3–4 EL natives Olivenöl extra
2 Knoblauchzehen, gehackt
1 Prise rote Chiliflocken
4 vollreife Tomaten, entkernt und gehackt, mit Saft
125 g entsteinte schwarze Oliven, gehackt
2 EL Kapern, abgespült und abgetropft
2 eingelegte Sardellenfilets, abgespült und abgetropft
2 TL Zucker
1 EL Balsamico-Essig
Salz, Pfeffer

Zum Garnieren
geröstete Pinienkerne

Als Beilage
knuspriges Weißbrot

Seeteufel salzen und pfeffern. Die Hälfte des Öls in einer großen Pfanne erhitzen und den Fisch bei mittlerer Hitze 2–3 Min. anbraten. In eine Bratform geben und im vorgeheizten Backofen bei 200 °C (Gas Stufe 6) 5 Min. garen. Form aus dem Ofen nehmen, mit Alufolie abdecken und 5 Min. ruhen lassen.

In der Zwischenzeit das restliche Öl in die Pfanne geben und Knoblauch und Chiliflocken bei milder Hitze 1 Min. braten. Tomaten mit dem Saft sowie Oliven, Kapern, Sardellen, Zucker und Balsamico-Essig hinzugeben und zugedeckt 5 Min. garen.

Den Seeteufel auf Tellern anrichten und die Tomatensauce darüber verteilen. Mit Pinienkernen garnieren und mit Brot auftragen.

Thailändische Fischküchlein
mit süßer Chilisauce

Für diese köstlichen Fischküchlein eignet sich jeder weißfleischige Fisch, wie Schellfisch, Kabeljau oder Dorsch. Die bratfertige Masse ist etwas klebrig. Am besten spült man die Hände unter kaltem Wasser ab und formt dann flache Küchlein von etwa fünf Zentimeter Durchmesser.

250 g Riesengarnelen, roh, geschält und ausgenommen
250 g weißfleischiger Fisch, klein geschnitten
4 Kaffir-Limettenblätter, sehr fein gehackt
4 Frühlingszwiebeln, geputzt und fein geschnitten
2 EL frischer Koriander, gehackt
1 kleines Ei, verschlagen
2 EL thailändische Fischsauce
65 g Reismehl
Sonnenblumenöl zum Braten

ZUM GARNIEREN
Limettenachtel

ALS DIP
süße Chilisauce

Alle Zutaten mit Ausnahme des Öls in einer Küchenmaschine oder mit einem Pürierstab kurz vermengen. Mit feuchten Händen 12 flache Küchlein formen.

Öl 1 cm hoch in eine tiefe Pfanne geben und je nach Pfannengröße jeweils mehrere Küchlein auf einmal von beiden Seiten 2 Min. goldgelb braten. Auf Küchenpapier abtropfen lassen und im Ofen warm stellen.

Mit Limettenachteln garnieren und mit süßer Chilisauce als Dip servieren.

Fisch in Kokosmilch

In Thailand wird der Fisch in Bananenblätter eingewickelt und über heißen Kohlen gegart. Hier kann man sich mit Alufolie behelfen. Bestens geeignet ist natürlich auch ein Grill anstelle des Ofens.

4 Schellfischfilets à 200 g, gehäutet
2 TL Sesamöl
2,5 cm frische Ingwerwurzel, geschält und fein geschnitten
1 große rote Chilischote, entkernt und fein geschnitten
1 Knoblauchzehe, gepresst
4 Kaffir-Limettenblätter, sehr fein geschnitten
1 Bund frischer Koriander
200 ml Kokosmilch
1 ½ EL thailändische Fischsauce
2 EL Limettensaft
süße Chilisauce
Salz, Pfeffer

Als Beilage
gekochter Reis

Schellfischfilets leicht salzen und pfeffern und jedes auf ein großes Stück Alufolie legen. Mit etwas Sesamöl beträufeln. Ingwer, Chili, Knoblauch und Limettenblätter miteinander vermengen und über den Fisch verteilen.

Die Kanten der Alufolie vorsichtig nach oben knicken und auf jedes Filet einen Korianderzweig geben. Kokosmilch, Fischsauce und Limettensaft miteinander verrühren und gleichmäßig über die 4 Portionen verteilen. Alufolie fest verschließen.

Die Päckchen auf ein Backblech legen und im vorgeheizten Ofen bei 200 °C (Gas Stufe 6) 10 Min. garen. Aus dem Ofen nehmen und 5 Min. ruhen lassen. Fisch mit dem Saft auf vorgewärmten Tellern anrichten, gehackten Koriander darüber streuen und mit dem gekochten Reis servieren.

Gebackene Forelle mit Meerrettich-Tartar

Durch die Zugabe von Meerrettich erhält diese Tartarsauce eine wunderbare Schärfe. Wenn Sie keinen frischen Meerrettich haben, verwenden Sie stattdessen geriebenen oder Sahnemeerrettich aus dem Glas.

4 Regenbogenforellen à 300 g, ausgenommen
1 Zitrone, in Scheiben geschnitten
einige Kräuterzweige (Dill, Oregano, Petersilie)
Olivenöl zum Bepinseln
Salz, Pfeffer
Zitronenachtel zum Garnieren

Als Beilage
gekochte neue Kartoffeln

Meerrettich-Tartar
200 ml Mayonnaise
1 EL frischer Meerrettich, gerieben
1 kleine Schalotte, fein gehackt
1 EL gemischte gehackte Kräuter (Schnittlauch, Petersilie, Estragon)
2 EL Kapern, abgespült, abgetropft und fein gehackt

Forellen innen und außen waschen, abtrocknen und mit Zitronenachteln und Kräuterzweigen füllen. Den Fisch auf ein mit Alufolie bedecktes Backblech legen, mit Öl bepinseln und die Haut mit Salz und Pfeffer einreiben.

Im vorgeheizten Ofen bei 200 °C (Gas Stufe 6) 15–18 Min. garen, bis der Fisch gerade durch ist. Aus dem Ofen nehmen, mit Folie abdecken und 5 Min. ruhen lassen.

In der Zwischenzeit alle Zutaten für die Sauce in einer Schüssel vermengen und mit Salz und Pfeffer würzen. Die Forellen mit Zitronenachteln garnieren. Mit der Meerrettichsauce und den gekochten Kartoffeln servieren.

Red Snapper mit Salmoriglio

Red Snapper sind fantastische Fische, mit denen man bei einem Abendessen auf jeden Fall punktet. Das gilt vor allem in der Kombination mit Salmoriglio, der klassischen italienischen Knoblauch-Zitronensauce, die Ihre Gäste begeistern wird. Servieren Sie dazu reichlich Brot zum Auftunken, damit der köstliche Jus nicht verloren geht.

4 Red Snapper à 350 g, geschuppt und ausgenommen, ohne Kopf und Schwanz
150 ml natives Olivenöl extra
4 EL Zitronensaft
2 Knoblauchzehen, gepresst
2 EL Petersilie, gehackt
1 EL getrockneter Oregano
Salz, Pfeffer

BEILAGEN
Salat aus Tomaten, roten Zwiebeln, Oliven und Basilikum
knuspriges Brot

Mit einem scharfen Messer jeden Fisch auf der Ober- und Unterseite 4-mal einschneiden. Salzen, pfeffern und rundherum mit etwas Olivenöl bestreichen. Den Fisch in einer heißen, gerillten Grillpfanne oder einem vorgeheizten Grill 5–7 Min. auf jeder Seite durchgaren.

In der Zwischenzeit das restliche Olivenöl mit Zitronensaft, Knoblauch und Kräutern in einer Schüssel vermengen und mit Salz und Pfeffer abschmecken.

Den fertigen Fisch auf einer großen, vorgewärmten Platte anrichten und die Sauce darüber geben. 5 Min. ruhen lassen.

Die Fische mit einem Salat aus Tomaten, roten Zwiebeln, Oliven und Basilikum auftragen und dazu reichlich Brot servieren.

Venusmuscheln nach italienischer Art

Venusmuscheln eignen sich besonders gut für dieses Gericht, denn sie sind sehr zart und saftig. Wenn Sie stattdessen Miesmuscheln verwenden, müssen Sie die Garzeit um eine Minute verlängern.

150 ml natives Olivenöl extra
4 Knoblauchzehen, in Scheiben geschnitten
1 Prise getrocknete rote Chiliflocken
2 kg gesäuberte Muscheln
100 ml trockener Weißwein
Saft von 1–2 Zitronen
1 kleiner Bund Petersilie, gehackt
Ciabatta oder Baguette
Salz, Pfeffer

Öl in einem großen Topf erhitzen. Knoblauch und Chiliflocken mit etwas Pfeffer und Salz 1 Min. bei milder Hitze anbraten, aber nicht bräunen.

Muscheln, Wein und einen Spritzer Zitronensaft dazugeben. Den verschlossenen Topf bei mittlerer Hitze 3–4 Min. auf dem Herd stehen lassen und gelegentlich daran rütteln. Alle Muscheln entfernen, die sich nicht geöffnet haben.

Den Topf vom Herd nehmen, Petersilie über die Muscheln streuen und den restlichen Zitronensaft darüber geben. Auf Schüsseln verteilen und mit Brot auftragen.

Gebratener Tintenfisch mit Barbecue-Sauce

Gereinigter, küchenfertiger Tintenfisch ist inzwischen überall erhältlich. Für dieses Gericht eignen sich Exemplare von etwa zwanzig Zentimeter Länge. Vermeiden Sie eine überlange Garzeit, da Tintenfisch dadurch gummiartig wird.

4 Tintenfische, insgesamt ca. 750 g
1 EL Sonnenblumenöl
$1/2$ TL Salz
$1/4$ TL chinesisches 5-Gewürze-Pulver
2 EL süße Chilisauce
1 EL süße Sojasauce
1 Knoblauchzehe, gepresst
2 EL Limettensaft

Beilagen
grüner Salat
knuspriges Brot

Tintenfische in der Mitte durchschneiden, waschen und trocken tupfen. Jede Hälfte quer in dicke Scheiben schneiden. Öl, Salz und Gewürzpulver mischen. Tintenfischstücke darin wenden. Die übrigen Zutaten in einer Schüssel vermengen.

Eine große Bratpfanne erhitzen und die Hälfte der Tintenfischstücke 2 Min. pfannenrühren, bis sie eine goldgelbe Farbe angenommen haben. Auf eine Platte geben und mit dem restlichen Tintenfisch ebenso verfahren.

Die Fischstücke wieder in die Pfanne geben, mit der Sauce überziehen und unter ständigem Rühren 1 weitere Min. garen, bis der Fisch glänzt. Tintenfisch auf vorgewärmten Tellern anrichten. Mit Salat und Brot auftragen.

Gegrillter Kabeljau mit Schinken, Cherry-Tomaten und Oliven

Schnelle Ofengerichte sind vor allem unter der Woche eine beliebte Art der Gästebewirtung. Mit seinem würzigen Aroma kann dieses jedoch ohne weiteres bei jedem Anlass mithalten.

375 g Cherry-Tomaten, halbiert
50 g entsteinte schwarze Oliven
2 EL Kapern, abgespült und abgetropft
abgeriebene Schale und Saft von 1 Zitrone
2 TL Thymian, gehackt
4 EL natives Olivenöl extra
4 Kabeljaufilets à 175 g
4 Scheiben roher Schinken
Salz, Pfeffer
Basilikumblätter zum Garnieren

Beilagen
neue Kartoffeln
grüner Salat

Tomaten, Oliven, Kapern, Zitronenabrieb, Thymian und Öl vermengen und in eine Bratform geben. Salzen und pfeffern. Kabeljaufilets dazwischen verteilen und etwas von der Tomatenmischung darüber geben.

Den Schinken darüber verteilen. Im vorgeheizten Backofen bei 220 °C (Gas Stufe 7) 15 Min. garen. Form aus dem Ofen nehmen.

Fisch und Gemüse mit Zitronensaft beträufeln. Die Form mit Alufolie bedecken und 5 Min. ruhen lassen.

Den Kabeljau mit Basilikumblättern garnieren und mit gekochten neuen Kartoffeln und grünem Salat auftragen.

Currymuscheln nach thailändischer Art

Zuchtmuscheln sind das ganze Jahr über erhältlich und in der Regel sauberer als wilde Muscheln, was die Zubereitung erleichtert. Entfernen Sie vor dem Kochen alle geöffneten und nach dem Kochen alle geschlossenen Exemplare.

1 EL Sonnenblumenöl
2 TL thailändische rote Currypaste
8 Kaffir-Limettenblätter, zerrieben
2 Halme Zitronengras, grob gehackt
2 kg Zuchtmuscheln, gewaschen
400 ml Kokosmilch
1 EL thailändische Fischsauce
1 EL Limettensaft
1 EL Zucker

ALS BEILAGE
gekochter Reis

ZUM GARNIEREN
rote Chili, klein geschnitten
Korianderblätter
Kaffir-Limettenblätter, grob zerteilt

Öl in einem Wok oder einem großen Topf erhitzen. Currypaste, Limettenblätter und Zitronengras 1 Min. bei milder Hitze garen.

Die Muscheln mit einem Schuss kaltem Wasser dazugeben und zugedeckt 4 Min. kochen. Dabei mehrfach an dem Topf rütteln. Den Deckel abnehmen, die restlichen Zutaten hinzufügen, gut umrühren und zugedeckt weitere 2 Min. garen, bis sich alle Muscheln geöffnet haben. Alle geschlossenen Exemplare entfernen.

Muscheln in kleine Schüsseln füllen und die Sauce darüber geben. Mit Chili, Koriander und Limettenblättern garnieren. Mit einer Schüssel gekochtem Reis servieren.

Kammmuscheln mit Zitronen-Salsa

Verwenden Sie möglichst nicht eingelegte Kammmuscheln, die einen intensiveren Geschmack haben. Sie sollten fast durchsichtig sein, nicht weiß oder cremefarben. Die Schalen kann man für die Zubereitung eines Fischfonds oder einer Sauce aufheben.

40 g kandierte Zitronen (Citronat), fein geschnitten
40 g sonnengetrocknete Tomaten, fein geschnitten
3 kleine Schalotten, fein gehackt
1 EL Basilikum, gehackt
5 EL natives Olivenöl extra
20 große Kammmuscheln ohne Schale
Salz, Pfeffer

Als Beilagen
Salatblätter
knuspriges Brot

Kandierte Zitrone, Tomaten, Schalotten, Basilikum und 3 EL Öl in einer Schüssel vermengen und mit Salz und Pfeffer würzen. Kammmuscheln im restlichen Öl wenden, salzen und pfeffern.

Muscheln in einer heißen, gerillten Grillpfanne auf jeder Seite 1 Min. braten. Den Salat auf 4 Teller verteilen und die Muscheln darüber geben. Ein wenig von der Salsa darüber träufeln und mit Brot auftragen.

Schwertfisch mit Salbei-Pangritata und grünen Bohnen

Pangritata ist eine italienische Mischung aus Semmelbröseln und Knoblauch, die in Öl ausgebacken wird. Über den gegarten Schwertfisch und die bissfest gekochten Bohnen verteilt, verleiht sie dem Gericht eine wunderbare Würze und Konsistenz.

5 EL natives Olivenöl extra
2 Knoblauchzehen, gehackt
2 EL gehackte Salbeiblätter
125 g frische Semmelbrösel
abgeriebene Schale und Saft von 1 Zitrone
250 g zarte grüne Bohnen
4 Schwertfischfilets à 200 g

4 EL Öl in einer Bratpfanne erhitzen. Knoblauch, Salbei, Semmelbrösel und Zitronenabrieb unter ständigem Rühren 5 Min. goldbraun und knusprig braten. Auf Küchenpapier gut abtropfen lassen.

Die Bohnen in leicht gesalzenem Wasser 3 Min. kochen, bis sie gerade weich werden, gut abtropfen lassen und mit Salz und Pfeffer würzen. Ein wenig Zitronensaft darüber geben und warm stellen.

In der Zwischenzeit den Schwertfisch mit Öl einreiben, salzen und pfeffern und in einer heißen, gerillten Grillpfanne 1½ Min. von jeder Seite braten. Aus der Pfanne nehmen, mit Alufolie abdecken und kurz ruhen lassen.

Fischfilets auf Portionstellern anrichten, mit Zitronensaft beträufeln und die Semmelbrösel darüber verteilen. Zusätzlich ein paar Tropfen Olivenöl darüber geben und mit den Bohnen servieren.

Köstliche Knoblauch-Garnelen

Ein reichhaltiges Gericht mit viel Butter – an deren Stelle man allerdings auch 100 ml natives Olivenöl verwenden kann. Die Garnelen werden zuvor der Länge nach aufgeschnitten und der dünne schwarze Faden wird entfernt.

100 g Butter
2 Knoblauchzehen, gepresst
24 Riesengarnelen, roh, geschält und ausgenommen
1 EL Petersilie, gehackt
2 EL Zitronensaft
Salz, Pfeffer
Baguette oder Ciabatta

Butter in einer großen Pfanne schmelzen und den Knoblauch darin 30 Sek. bei milder Hitze dünsten. Die Garnelen dazugeben, salzen und pfeffern und bei kleiner Hitze rund 3 Min. garen. Dabei nach der halben Zeit wenden.

Die Pfanne vom Herd nehmen. Petersilie und Zitronensaft dazugeben und umrühren. Die Garnelen vor dem Auftragen leicht abkühlen lassen und mit Brot servieren.

Thunfisch mit Stampfkartoffeln und Brunnenkresse

Für ein einfaches Abendessen, aber auch ein förmlicheres Gästeessen liegt man mit diesem Rezept genau richtig. Die Kartoffeln werden nur grob zerstampft. Wählen Sie eine festkochende Sorte, am besten neue oder Salatkartoffeln.

6 EL natives Olivenöl extra
2 TL gehackter Thymian
abgeriebene Schale von 1 Zitrone
4 Thunfischsteaks à 200 g
750 g neue Kartoffeln, gesäubert
2 Knoblauchzehen, gepresst
50 g Brunnenkresse
Salz, Pfeffer

2 EL Öl mit dem Thymian und dem Zitronenabrieb vermengen. Mit Salz und Pfeffer abschmecken. Thunfisch damit rundherum einreiben und durchziehen lassen. Die Kartoffeln in leicht gesalzenem Wasser 12–15 Min. kochen, bis sie gerade weich sind.

Das restliche Öl in einer kleinen Pfanne erhitzen und den Knoblauch darin 3–4 Min. dünsten, aber nicht bräunen. Kartoffeln abtropfen lassen, in die Pfanne geben und im Knoblauchöl grob zerstampfen. Mit Salz und Pfeffer abschmecken und warm stellen.

Die Thunfischsteaks in einer heißen, gerillten Grillpfanne 45 Sek. von jeder Seite braten, in Alufolie wickeln und 5 Minuten ruhen lassen. Die Brunnenkresse unter die Kartoffeln rühren, bis sie leicht zusammenfällt. Auf Portionsteller verteilen und den Thunfisch auf den Kartoffeln servieren.

Seebarsch mit gebratenem Fenchel und Salsa verde

Die nach italienischer Art zubereitete grüne Sauce ist eine ideale Ergänzung zu gegrilltem Fleisch und Fisch. Der Seebarsch wird auf dem Fenchel gegart, so dass das Aroma ganz erhalten bleibt.

2 Fenchelknollen, geputzt

1 große rote Zwiebel, in Scheiben geschnitten

2 EL natives Olivenöl extra

4 Seebarschfilets à 175 g

1 Zitrone, halbiert

Salz, Pfeffer

Salsa verde

1 EL Kapern, abgespült und abgetropft

1 Bund glatte Petersilie

1/2 Bund Dill

1 Knoblauchzehe, gehackt

1 TL Dijon-Senf

2 TL Weißweinessig

150 ml natives Olivenöl extra

Äußere Schicht und Strunk der Fenchelknollen entfernen. Fenchelgrün beiseite legen. Die Knollen in dünne Streifen schneiden. Fenchelstreifen und -grün, Zwiebeln und Öl in eine Bratform geben, salzen und pfeffern. Im vorgeheizten Ofen bei 220 °C (Gas Stufe 7) 30 Min. garen, bis das Gemüse zart ist.

In der Zwischenzeit alle Zutaten für die Salsa verde außer dem Öl in einer Küchenmaschine oder mit einem Pürierstab grob zerkleinern. Nach und nach genügend Öl zugeben, bis eine Sauce entsteht. Mit Salz und Pfeffer abschmecken.

Seebarsch salzen und pfeffern. Mit der Hautseite nach oben auf den Fenchel legen. Mit Zitronensaft und Olivenöl beträufeln und 5 Min. im Ofen garen. 5 Min. ruhen lassen. Fisch und Gemüse mit der Salsa verde servieren.

Lachs nach asiatischer Art

Chinesisches Fünf-Gewürze-Pulver ist eine kauffertige Mischung aus Szechuan-Pfefferkörnern, Cassiarinde oder Zimtstangen, Nelken, Fenchelsamen und Sternanis, die diesem Gericht sein unnachahmliches asiatisches Aroma verleiht. Der chinesische Reiswein Shao Hsing ist in chinesischen Lebensmittelläden erhältlich, kann aber auch durch einen anderen Reiswein oder trockenen Sherry ersetzt werden.

2 TL schwarzer Pfeffer, zerstoßen
2 TL chinesisches 5-Gewürze-Pulver
1 TL Salz
¼ TL Cayenne-Pfeffer
4 Lachsfilets à 200 g, enthäutet
3 EL Sonnenblumenöl
500 g Choi Sum (Blütenkohl) oder Pak Choi (Blätterkohl), in Stücke geschnitten
3 Knoblauchzehen, in Scheiben geschnitten
3 EL Shao-Hsing-Wein oder trockener Sherry
75 ml Gemüsebrühe
2 EL helle Sojasauce
1 TL Sesamöl

ALS BEILAGE
gekochter Reis

Pfeffer, 5-Gewürze-Pulver, Salz und Cayenne-Pfeffer miteinander vermengen. Lachs mit ein wenig Öl einreiben und mit der Gewürzmischung bestreuen. Den Fisch in einer heißen, gerillten Grillpfanne 4 Min. braten. Wenden und weitere 2–3 Min. braten, bis der Fisch gerade gar ist. Auf eine Platte legen, mit Alufolie abdecken und 5 Min. ruhen lassen.

In der Zwischenzeit das restliche Öl in einem Wok erhitzen. Blattgemüse hinzufügen und 2 Min. pfannenrühren. Knoblauch hinzugeben und 1 Min. weiterrühren. Mit Wein oder Sherry löschen, Gemüsebrühe, Sojasauce und Sesamöl hinzugeben und weitere 2 Min. garen, bis das Grün zart ist. Den Lachs und das Gemüse mit gekochtem Reis servieren.

Fleisch und Geflügel

Gebratenes Huhn mit Zitrone, Rosmarin und Knoblauchbutter

Ein Klassiker in neuem Gewand. Das Huhn ist in einen Mantel aus Zitrone und Knoblauchbutter gehüllt und brutzelt mit kleinen neuen Kartoffeln und Zitronenachteln im Ofen. Zur Krönung noch ein paar Tropfen vom Bratensaft darüber geben und einen leichten Rucolasalat dazu servieren – ein herrlicher Schmaus.

1 küchenfertiges Huhn à 1,5 kg
2 Zitronen
10 Knoblauchzehen
1 kleines Bund Rosmarin, gehackt
50 g Butter
750 g kleine neue Kartoffeln
2 Süßkartoffeln, in dicke Stücke geschnitten
Salz, Pfeffer

Als Beilage
Rucolasalat

Huhn in eine große Bratform legen. Schale einer Zitrone abreiben und beide Zitronen achteln. 2 Knoblauchzehen pressen und die restlichen beiseite legen. Gehackten Rosmarin, Zitronenabrieb, gepressten Knoblauch, Salz und Pfeffer unter die Butter mengen. Huhn mit $^2/_3$ der Butter bestreichen, mit ein paar Zitronenachteln füllen und weitere Zitronenschnitze auf dem Huhn verteilen. Locker mit Alufolie abdecken und im vorgeheizten Ofen bei 190 °C (Gas Stufe 5) 1 Std. garen.

Die Folie abnehmen. Huhn mit Bratensaft beträufeln. Kartoffeln, Süßkartoffeln, die restlichen Zitronenachtel und den Knoblauch hinzugeben. 30–40 Min. braten, bis das Huhn gar ist; dabei die Kartoffeln einmal wenden, so dass sie gleichmäßig knusprig braun werden. Das Huhn vor dem Auftragen mit der restlichen Butter bestreichen und mit dem Rucolasalat servieren.

Schweineschnitzel mit Joghurtsauce

Schnitzel werden eigentlich aus Kalbsfleisch zubereitet, aber dünn geschnittenes Schweinefilet eignet sich ebenso. Mit ein wenig geriebenem Parmesan und einer Sauce aus Kapern und frischem Basilikum ergeben sie ein wunderbares Familienessen.

8 dünn geschnittene Schweinemedaillons, insg. 750 g
2 Eier, verschlagen
100 g frische Semmelbrösel
3 EL frisch geriebener Parmesan
3 EL Olivenöl
125 g griechischer Joghurt
1 EL Kapern, abgespült und abgetropft
abgeriebene Schale 1/2 Zitrone
1 kleine Hand voll Basilikumblätter
Salz, Pfeffer

Als Beilagen
gekochte neue Kartoffeln
gedünstete grüne Bohne

Schnitzel vom Fettrand befreien. Die verschlagenen Eier in einem tiefen Teller salzen und pfeffern. In einem zweiten tiefen Teller Semmelbrösel und Parmesan vermengen. Jedes Filet zunächst in die Ei-Mischung tauchen und anschließend in der Käse-Brot-Mischung wenden.

2 EL Öl in einer großen Pfanne erhitzen und die Hälfte der Filets 5 Min. garen, dabei 2- oder 3-mal wenden, bis sie goldbraun sind. Das restliche Öl in die Pfanne geben und mit dem übrigen Fleisch ebenso verfahren.

In der Zwischenzeit Kapern, Zitronenabrieb, ein paar zerrupfte Basilikumblätter, Salz und Pfeffer unter den Joghurt rühren. Das gegarte Fleisch mit den übrigen Basilikumblättern garnieren und mit der Joghurtsauce, den neuen Kartoffeln und den grünen Bohnen auftragen.

Pimentón-Lamm

Im Gegensatz zu herkömmlichem Chilipulver hat spanischer Pimentón eine milde Schärfe und ein herrlich rauchiges Aroma, das zu dem zarten Lammfleisch und dem erdigen Geschmack der neuen Kartoffeln bestens passt. Besonders gut schmeckt das Gericht übrigens wieder aufgewärmt am Tag nach der Zubereitung.

1 EL Olivenöl
2 Lammfilets, insg. ca. 500 g, in kleine Stücke geschnitten
1 Zwiebel, gehackt
2 Knoblauchzehen, gehackt
1 rote Paprika, entkernt und in Streifen geschnitten
1 orangefarbene Paprika, entkernt und in Streifen geschnitten
1 1/4 TL Pimentón (geräuchertes Paprikapulver)
2 EL Mehl
425 g gehackte Tomaten
300 ml Hühnerbrühe
100 g entsteinte schwarze Oliven
500 g neue Kartoffeln, evtl. halbiert
1 Hand voll Oregano- oder Rosmarinzweige
Salz, Pfeffer

ALS BEILAGE
Knuspriges Weißbrot

Öl in einer großen Pfanne erhitzen. Fleischstücke nach und nach dazugeben. Bei starker Hitze braten, bis das Fleisch Farbe annimmt. Zwiebel und Knoblauch hinzufügen und kurz garen.

Paprika und Pimentón dazugeben, umrühren und 1 Min. garen. Das Mehl darüber streuen. Tomaten, Brühe, Oliven und Kartoffeln zum Fleisch geben. Mit Salz und Pfeffer würzen und Kräuterzweige darüber verteilen (ein paar zum Garnieren übrig lassen).

Aufkochen lassen und den Inhalt der Pfanne in eine feuerfeste Form füllen. Im vorgeheizten Ofen bei 180 °C (Gas Stufe 4) 1 1/2 Std. garen, bis die Kartoffeln weich sind. Gut umrühren und mit Kräuterzweigen garnieren. Mit Brot servieren.

Hähnchenbrust mit Gorgonzola in Serrano-Hülle

Zarte Hähnchenfilets mit Gorgonzola-Schmelz und getrockneten Tomaten, umwickelt mit hauchdünnen Serrano-Scheiben – Ihre Gäste werden begeistert sein. Das Fleisch lässt sich im Voraus zubereiten und muss kurz vor dem Essen nur noch in den Ofen geschoben werden. Etwas milder wird das Gericht durch die Verwendung von Brie, Camembert oder Cheddar anstelle von Gorgonzola.

4 Hähnchenbrustfilets à 150 g
125 g Gorgonzola, in 4 Stücke geschnitten
4 in Öl eingelegte getrocknete Tomaten, abgetropft
4 Scheiben Serrano-Schinken, insg. ca. 50 g
2 EL Olivenöl
Salz, Pfeffer

Als Beilagen
gegrillter grüner Spargel
gegrillte Cherry-Tomaten am Strunk

Hühnerfilets seitlich tief einschneiden, so dass eine kleine Tasche entsteht. Jede Tasche mit einem Stück Käse und einer getrockneten Tomate füllen, mit Salz und Pfeffer würzen und mit einer Scheibe Serrano-Schinken umwickeln.

Filets auf ein mit Alufolie bedecktes Backblech legen (Nahtstelle des Schinkens nach unten).

Mit Öl beträufeln und im vorgeheizten Ofen bei 190 °C (Gas Stufe 5) 18–20 Minuten backen, bis der Schinken gebräunt und das Hühnerfleisch gar ist. Auf Portionstellern anrichten und mit gegrillten grünen Spargelstangen und Tomaten servieren.

Schweinemedaillons mit Sherry-Feigen

Für dieses delikate und dabei leicht zuzubereitende Gericht mit italienischem Anklang eignen sich kleine Schweinelendenscheibchen oder -medaillons am besten. Sehr schön ergänzen sich die Aromen von Sherry – wahlweise auch Marsala –, Feigen und knusprig gebratenen Zwiebeln.

2 EL Olivenöl
8 Schweinemedaillons, insg. ca. 675 g
2 Zwiebeln, fein geschnitten
2 Knoblauchzehen, gepresst
150 g verzehrfertige getrocknete Feigen, grob zerteilt
125 ml Cream Sherry oder Marsala
300 ml Hühnerbrühe
3 TL streichfester Honig
2 EL Crème fraîche
Salz, Pfeffer

Zum Garnieren
ein paar Stängel glatte Petersilie und Paprikapulver

Als Beilage
buttrige Polenta

Öl in einer großen Pfanne erhitzen. Schweinemedaillons hineingeben, bei starker Hitze auf einer Seite goldbraun braten und wenden. Zwiebeln und Knoblauch hinzufügen. 5 Min. garen und die Medaillons noch 1- bis 2-mal wenden. Dabei die Zwiebeln rühren, bis beides goldbraun ist.

Feigen, Sherry oder Marsala, Brühe und Honig hinzugeben und mit Salz und Pfeffer abschmecken. Bei mittlerer Hitze 5 Min. kochen lassen, bis die Flüssigkeit leicht eingekocht und das Fleisch gegart ist. Crème fraîche unterrühren. Mit Petersilienblättern und ein wenig Paprika garnieren und auf einem Polenta-Bett servieren.

Rinderfilet mit Meerrettich-Sahne-Kartoffeln

Dieses Rinderfilet mit Pfefferkruste wird über sahnigen, mit Meerrettich und Knoblauch verfeinerten Kartoffeln im Ofen gegart und ist ideal für besondere Anlässe. Da die Kartoffeln sehr sättigend sind, genügt ein Salat aus Brunnenkresse als Beilage.

625 g mehlige Kartoffeln, gebürstet und in dünne Scheiben geschnitten
2 Knoblauchzehen, gepresst
300 ml Crème double
1 EL Sahnemeerrettich
1 Prise Muskatnuss
15 g Butter
2 EL gemischte Pfefferkörner, zerstoßen
675 g Rinderfilet
1 EL Olivenöl
Salz, Pfeffer

Als Beilage
Salat aus Brunnenkresse

Die Kartoffeln in einem Topf mit leicht gesalzenem Wasser 5 Min. kochen, bis sie gerade weich sind. Abtropfen lassen und in eine feuerfeste Form geben. Knoblauch, Crème double, Meerrettich und Muskatnuss vermengen. Salzen und pfeffern. Mit Butterflöckchen über die Kartoffeln verteilen.

Zerstoßenen Pfeffer in die Oberseite des Rinderfilets drücken. In eine kleine, mit Olivenöl gefettete Bratenform geben und mit dem restlichen Öl beträufeln. Rindfleisch und Kartoffeln im vorgeheizten Ofen bei 200 °C (Gas Stufe 6) entweder 20 Min. (blutig), 25 Min. (medium) oder 30 Min. (durch) garen. Dabei das Filet auf die obere und die Kartoffeln auf die untere Schiene stellen.

5 Min. ruhen lassen. Rinderfilet in dünne Scheiben schneiden, auf Portionstellern anrichten und mit Fleischsaft beträufeln. Mit den Kartoffeln und dem Brunnenkressesalat servieren.

Guinness-Pie

Guinness verleiht diesem Rindfleischgericht einen malzig-gehaltvollen Geschmack. Sie können auch ein anderes dunkles Bier verwenden. Die krönende Blätterteigpastete wird getrennt zubereitet, was Zeit und Mühe spart – und außerdem keinem Gast auffallen dürfte.

1 Blatt Tiefkühlblätterteig, ausgerollt ca. 25x25 cm
1 Ei, verschlagen, zum Bestreichen
1 kleines Bund Thymian
1 EL Sonnenblumenöl
750 g Rindfleisch zum Schmoren
1 Zwiebel, gehackt
250 g Champignons, geviertelt
2 EL Mehl
325 ml Guinness oder ein anderes dunkles Bier
200 ml Rinderbrühe
1 EL Tomatenmark
1 EL Rohrzucker
2 TL Dijon-Senf
grobes Meersalz, Pfeffer

Als Beilagen
gedünstete grüne Bohnen und junge Möhren

Blätterteig in vier Teile schneiden und auf ein gefettetes Backblech legen. Mit dem Messer jedes Blätterteigstück diagonal durchteilen, mit dem verschlagenen Ei bestreichen und etwas Salz und Thymianblätter darüber streuen. Im vorgeheizten Ofen bei 200 °C (Gas Stufe 6) 10 Min. goldbraun backen.

In der Zwischenzeit Öl in einer Pfanne erhitzen, das Rindfleisch kleinschneiden, in die Pfanne geben und bei starker Hitze unter ständigem Rühren garen, bis es Farbe annimmt. Die Zwiebel hinzufügen und 5 Min. weitergaren. Pilze unterrühren und mit Mehl bestäuben.

Guinness oder dunkles Bier angießen. Brühe, Tomatenmark, Zucker, Senf und 3 Thymianzweige hinzugeben und umrühren. Salzen, pfeffern und zum Kochen bringen. Pfanneninhalt in eine feuerfeste Form füllen. Ofentemperatur auf 180 °C (Gas Stufe 4) reduzieren und das Rindfleisch $1^1/_2$ Std. garen.

Pastete 5 Min. im Ofen aufwärmen. Rindfleisch auf Portionsteller geben, Pastetenstücke darüber legen und mit den restlichen Thymianblättern garnieren. Mit gedünstetem Gemüse servieren.

Würzige Schweinekoteletts aus dem Ofen

Ein fantastisch umstandsloses Gericht: Die Schweinekoteletts werden zusammen mit den übrigen Zutaten in eine Bratform gelegt und garen, während Sie mit Ihren Gästen beim Aperitif sitzen, ganz von allein.

4 Schweinekoteletts à 175 g
3 Pastinaken, in Stücke geschnitten
1 Flaschenkürbis, geschält, entkernt und in dicke Scheiben geschnitten
2 rote Dessertäpfel, geviertelt und ohne Kerngehäuse
1 TL Fenchelsamen
2 TL Koriandersamen
2 Knoblauchzehen, gehackt
2 TL Kurkuma
3 EL Olivenöl
1 EL klarer Honig
Salz, Pfeffer

Den Fettrand der Schweinekoteletts einschneiden, so dass sie sich während des Bratens nicht einrollen. Zusammen mit Pastinaken, Kürbis und Äpfeln in eine große Bratform legen.

Fenchel- und Koriandersamen im Mörser zerstoßen. Mit Knoblauch, Kurkuma, Öl und Honig vermengen. Salzen und pfeffern und die Mischung über Fleisch und Gemüse geben.

Im vorgeheizten Ofen bei 190 °C (Gas Stufe 5) 35-40 Min. garen. Dabei das Gemüse einmal wenden, bis es goldbraun und zart ist. Auf vorgewärmten Tellern servieren.

Langsam gegarte Wacholder-Lammschlegel

Wer Appetit auf etwas Deftiges hat, für den ist dieses Lammgericht mit den Aromen von Wacholder, Lorbeer, Orange und Rotwein wie geschaffen. Das gehaltvolle Fleisch wird durch das langsame Garen sensationell zart und saftig. Dazu passt jede Art von Püree.

2 EL Olivenöl
4 Lammschlegel, insg. ca. 875 g
2 Zwiebeln, gehackt
3 EL Mehl
300 ml Rotwein
600 ml Lamm- oder Hühnerbrühe
abgeriebene Schale von 1½ Orangen
2 TL Wacholderbeeren, zerstoßen
½ TL Zimtpulver
4 frische Lorbeerblätter
Salz, Pfeffer

ALS BEILAGE
Pastinaken- oder Selleriepüree

Öl in einer großen, feuerfesten Form erhitzen, Lammschlegel hineingeben und von einer Seite kräftig anbraten. Fleisch wenden und Zwiebeln hinzugeben. Fleisch weitergaren, bis es ringsum kräftig angebraten ist und die Zwiebeln weich sind.

Mehl darüber stäuben und unter Rühren nach und nach Wein und Brühe zugießen. ⅔ vom Orangenabrieb, Wacholder, Zimt und Lorbeerblätter hinzugeben und mit Salz und Pfeffer würzen. Unter ständigem Rühren zum Kochen bringen und das Lamm mit der Flüssigkeit begießen.

Deckel aufsetzen und im vorgeheizten Ofen bei 160 °C (Gas Stufe 3) 3 Std. garen, die Schlegel dabei einmal wenden. Mit Püree servieren und mit dem restlichen Orangenabrieb garnieren.

Lammrücken mit Ratatouille-Bohnen

Ein Essen, das den Gastgeber nicht aus der Puste bringt: Beim Eintreffen der Gäste legt man das Lamm auf den Rost, um sich dann entspannt zurückzulehnen. Das mit Knoblauch gewürzte, bunt gemischte Gemüse ergibt mit den Bohnen und dem Fleischsaft eine Beilage, die alle Sinne zufrieden stellt.

1 Dose (400 g) Flageolet-Bohnen, abgespült und abgetropft
2 Lammkotelettstränge mit je 6–7 Rippen
1 rote Paprika, entkernt und gewürfelt
1 orangefarbene Paprika, entkernt und gewürfelt
2 kleine Zucchini, gewürfelt
1 rote Zwiebel, geviertel
300 g Cherry-Tomaten, halbiert
3-4 Knoblauchzehen, fein gehackt
2 TL küchenfertiges Pesto
2 EL Olivenöl
Salz, Pfeffer

Bohnen in die Mitte eines Backblechs geben, Lammstücke mit der Fettseite nach oben darüber legen. Paprika, Zucchini, Zwiebel, Tomaten und Knoblauch rings um das Lamm verteilen und mit Salz und Pfeffer würzen.

Fettrand mit Pesto bestreichen. Fleisch und Gemüse mit Öl beträufeln. Im vorgeheizten Ofen bei 200 °C (Gas Stufe 6) garen: 20 Min. (blutig), 25 Min. (medium) oder 30 Min. (durch).

Lamm jeweils zwischen den Rippen durchteilen. Gemüse auf 4 Portionsteller verteilen und Koteletts darüber legen.

Knusprige Pute mit Chorizo-Bohnen

Aus ein paar bescheidenen Zutaten entsteht ein außergewöhnlicher Festschmaus mediterraner Art, der sich an einem warmen Sommerabend ebenso gut macht wie als Nachtmahl in der kalten Jahreszeit.

200 g tiefgekühlte Saubohnen
200 g tiefgekühlte ganze grüne Bohnen
3 EL Olivenöl
375 g Putenbrust, in Streifen geschnitten
2 Zwiebeln, klein geschnitten
150 g Chorizo, gewürfelt
2 EL Weißweinessig
Salz, Pfeffer

Zum Garnieren
1 Hand voll glatte Petersilie

Tiefgefrorene Bohnen in einem Topf mit leicht gesalzenem Wasser 3 Min. kochen, bis sie zart sind.

In der Zwischenzeit 2 EL Olivenöl in einer großen Pfanne erhitzen. Putenfleisch hineingeben und kräftig anbraten. Fleisch wenden und Zwiebeln, Chorizo und das restliche Olivenöl dazugeben.

8–10 Min. braten, bis das Fleisch und die Zwiebeln gebräunt sind und die Pute gar ist. Die abgetropften Bohnen mit dem Weißweinessig unterrühren. Salzen, pfeffern und 1 Min. weitergaren. Mit gezupften Petersilienblättern garnieren und auftragen.

Sesamrindfleisch mit Reisnudeln

Noch nie war pfannengerührtes Rindfleisch so schnell zubereitet – und aromatisch zugleich: Gerösteter Sesam und Currypaste erfreuen den Gaumen und ergänzen sich prächtig mit Pak Choi, Bohnensprossen, Shiitake-Pilze und Reisnudeln.

100 g feine getrocknete Reisnudeln
1–2 EL Sonnenblumenöl
625 g Sirloin-Steak, sehr dünn geschnitten (ersatzweise Rumpsteak)
10 Shiitake-Pilze, klein geschnitten
2 EL Sesamsamen
3 EL Sojasauce
4 TL thailändische rote Currypaste
1 Bund rote Frühlingszwiebeln, fein geschnitten
175 g Pak Choi (Blätterkohl), klein geschnitten
250 g Bohnensprossen
1 EL thailändische Fischsauce

Reisnudeln in eine Schüssel geben, mit kochendem Wasser übergießen und 4 Min. einweichen lassen oder entsprechend den Angaben auf der Packung zubereiten. Gut abtropfen lassen.

1 EL Öl in einem Wok oder einer großen Pfanne erhitzen, Rindfleisch und Pilze hineingeben und bei starker Hitze 1 Min. braten. Sesamsamen dazugeben und 1 Min. garen, bis sie leicht gebräunt sind.

Sojasauce und Currypaste hinzufügen und 1 Min. weiter rühren. Das übrige Gemüse und, wenn nötig, noch etwas Öl dazugeben und 2 Min. unter ständigem Rühren weitergaren.

Reisnudeln und Fischsauce in die Pfanne geben und erhitzen. Gericht in vorgewärmte Schüsseln füllen und sofort auftragen.

Kurz gebratene Lammnüsschen mit Lauch-Kapernkonfetti

Lammfleisch mit Johannisbeergelee auf einem Bett aus Lauch, Kapern, rosa Pfeffer und gehackter Minze – ein exquisites Gericht für besondere Anlässe.

8 Lammkotelletts
3 EL rotes Johannisbeergelee
1 EL Olivenöl
25 g Butter
2 Stangen Lauch, dünn geschnitten
1 EL Kapern, abgespült und abgetropft
1 kleine Hand voll Rosmarin- oder Minzeblätter
2 TL eingelegter rosa Pfeffer, abgetropft
Salz, Pfeffer

Lammkoteletts einrollen und jedes mit zwei Zahnstochern zusammenstecken. Koteletts auf ein mit Alufolie ausgelegtes Backblech legen, mit Johannisbeergelee bestreichen, salzen und pfeffern. Im heißen, vorgeheizten Grill 5 Min. garen, wenden, mit dem zerlaufenen Johannisbeergelee bestreichen und weitere 5 Min. garen.

In der Zwischenzeit Öl und Butter in einer Pfanne erhitzen, Lauch, Kapern, zerkleinerte Kräuter und Pfefferkörner hinzugeben (ein paar Kräuter zum Garnieren übrig lassen), unter ständigem Rühren 5 Min. garen, bis das Gemüse zart ist und leicht Farbe annimmt. Auf Portionsteller verteilen.

Lammfleisch auf den Lauch legen, die Zahnstocher entfernen und das Gericht mit den restlichen Kräutern garnieren.

Hähnchenpfanne aus dem Ofen

Einfach alle Zutaten auf ein Backblech geben, mit Grillglasur überziehen und garen – ein perfektes Familienessen. Ein knackiger grüner Salat ist dazu die passende Beilage.

4 Hähnchenflügel
4 Hähnchenbeine
4 große Grillwürste
1 kg neue Kartoffeln
1 rote Paprikaschote, entkernt und geachtelt
2 Zwiebeln, geachtelt
4–5 Lorbeerblätter

GLASUR
2 EL Sonnenblumenöl
2 EL Tomatenketchup
2 EL heller Vollrohrzucker
2 EL Weinessig
1 EL Worcestershire-Sauce
Salz, Pfeffer

ALS BEILAGE
grüner Salat

Jedes Hähnchenteil 2- oder 3-mal mit einem Messer einschneiden und in eine Bratform legen. Die Würstchen halbieren. Mit Kartoffeln, Pfeffer und Zwiebeln in die Bratform legen. Die Lorbeerblätter unter die Hähnchenteile legen.

Zutaten für die Glasur vermischen und mit Salz und Pfeffer würzen. Fleisch und Gemüse damit bestreichen und im vorgeheizten Ofen bei 190 °C (Gas Stufe 5) 50–60 Min. garen. Dabei das Fleisch einmal mit dem Bratensaft beträufeln und die Kartoffeln wenden, bis sie goldbraun sind.

Als Gartest Kartoffeln und Huhn mit einem kleinen Messer einschneiden. Das Fleisch ist gar, wenn der austretende Saft klar bleibt. Auf Tellern anrichten und mit grünem Salat auftragen.

Hühnerspießchen mit Pistaziensalat

Hühnerspießchen, nach Art der aus Louisiana stammenden Cajun-Küche gewürzt, schmecken zu einer sommerlichen Grillparty ebenso gut wie im Winter aus dem Ofengrill. Zusammen mit einer herzhaften Beilage aus knackigem Blattsalat, Avocado und Pistazien ergeben sie eine erstaunlich sättigende Mahlzeit. Anstelle von Huhn kann man auch Lamm oder Rindfleisch verwenden.

4 Hühnerbrustfilets à 150 g
5 EL Olivenöl
eine große Prise Cajun-Gewürze
1 große, reife Avocado, geschält, entsteint und gewürfelt
2 EL Limettensaft
40 g Pistazien, grob gehackt
1 kleine Handvoll frischer Koriander
125 g gemischter Salat
Salz, Pfeffer

Hühnerfilets würfeln, auf 8 Spieße stecken und auf einen Grillrost über ein mit Alufolie ausgelegtes Backblech legen. Mit ein wenig Öl beträufeln und die Gewürzmischung darüber streuen. Salzen, pfeffern und im vorgeheizten, heißen Grill 10 Min. garen. Dabei 2- bis 3-mal wenden, bis das Fleisch knusprig braun und gegart ist.

In der Zwischenzeit Avocadowürfel in eine Salatschüssel geben und im Limettensaft wenden. Restliches Olivenöl dazugeben und mit Salz und Pfeffer abschmecken. Pistazien mit Salatblättern und zerrupften Korianderblättern hinzufügen und leicht vermengen. Auf Portionsteller verteilen und mit den gegarten Hühnerspießchen servieren.

Tajine mit Rindfleisch und Kichererbsen

Hackfleisch ist bekanntlich sehr variantenreich. In Kombination mit orientalischen Gewürzen nach Art einer marokkanischen Tajine entsteht daraus hier ein sämiger, wohl abgerundeter Eintopf. Mit warmem Pitta-Brot servieren.

1 EL natives Olivenöl extra
1 Zwiebel, fein gehackt
500 g mageres Rinderhackfleisch
2 Möhren, gewürfelt
200 g Kohlrübe, gewürfelt
2 Knoblauchzehen, gepresst
1 Dose (400 g) Kichererbsen, abgespült und abgetropft
1 getrocknete rote Chilischote
1 TL Kurkuma
½ TL gemahlener Zimt
½ TL gemahlener Nelkenpfeffer
1 Dose (400 g) gehackte Tomaten
450 ml Hühnerbrühe
125 g tiefgekühlte Erbsen, gekocht
1 kleiner Bund Minzeblätter, klein geschnitten
Salz, Pfeffer

Als Beilage
warmes Pitta-Brot

Öl in einer ofenfesten Steingutform erhitzen. Zwiebeln und Hackfleisch anbraten, dabei gelegentlich umrühren. Möhren, Rüben und Knoblauch zusammen mit den Kichererbsen dazugeben und umrühren. Getrocknete Chilischote und gemahlene Gewürze unterrühren und 1 Min. garen.

Tomaten, Brühe, Salz und Pfeffer hinzufügen und unter ständigem Rühren aufkochen. Den Deckel aufsetzen und im vorgeheizten Ofen bei 180 °C (Gas Stufe 4) 1½ Std. garen. Umrühren, gekochte Erbsen und Minze darüber geben, in Schüsseln füllen und mit warmem Pitta-Brot servieren.

Schweinefilet à la dijonnnaise

Dieses zarte Schweinefilet, mit Cidre, Dijon-Senf und einem Klacks Rahm zubereitet, würde der Speisekarte eines jeden französischen Bistros Ehre machen. Als Beilage eignet sich eine Mischung aus Langkorn- und Wildreis.

1 EL Olivenöl
15 g Butter
500 g Schweinefilet, in dünne Scheiben geschnitten
1 Zwiebel, fein geschnitten
2 Knoblauchzehen, gepresst
300 ml trockener Cidre
2 TL Dijon-Senf mit ganzen Körnern
3 EL Crème double
Salz, Pfeffer

Zum Garnieren
gehackter Schnittlauch

Als Beilage
Mischung aus gekochtem Langkorn- und Wildreis

Öl und Butter in einer großen Pfanne erhitzen. Schweinefilet, Zwiebeln und Knoblauch hinzugeben und bei starker Hitze 4–5 Min. unter Rühren garen, das Fleisch ab und zu wenden, bis es auf beiden Seiten gebräunt ist.

Cidre und Senf hinzufügen, mit Salz und Pfeffer abschmecken und 3–4 Min. erhitzen, bis der Cidre leicht reduziert ist. Hitze verringern und Crème double unterrühren. Gehackten Schnittlauch darüber geben und mit dem Reis auftragen.

Lammleber mit Preiselbeeren und Schinken

Lammleber mit ihrer wunderbar zartfleischigen Konsistenz ist im Handumdrehen gegart. Hier wird sie mit einer reichhaltigen Sauce aus süßen Preiselbeeren, karamellisierten Zwiebeln, knusprigem Schinken und einem Spritzer Rotweinessig kombiniert.

2 EL Olivenöl
2 Zwiebeln, fein geschnitten
150 geräucherter Hinterschinken, gewürfelt
25 g Butter
625 g Lammleber, in Streifen geschnitten
2 EL Preiselbeersauce
2 EL Rotweinessig
75 g tiefgekühlte Preiselbeeren
2 EL Wasser
Salz, Pfeffer

Als Beilage
Kartoffelpüree

Öl in einer großen Pfanne erhitzen, Zwiebeln und Schinken hinzufügen und bei mittlerer Hitze 10 Min. braten. Dabei gelegentlich umrühren, bis beides goldbraun ist. Aus der Pfanne nehmen und beiseite stellen.

Butter in der Pfanne schmelzen und die Leberstreifen hineingeben. 3 Min. bei starker Hitze braten und 2- oder 3-mal wenden, bis die Leber außen goldbraun und innen noch rosafarben ist. Preiselbeersauce, Essig, Preiselbeeren und Wasser hinzufügen.

Mit Salz und Pfeffer abschmecken und 2 Min. garen. Dabei rühren, bis die Preiselbeersauce zerlassen ist und die Beeren weich und erhitzt sind. Gebratene Zwiebeln und Schinken hinzugeben. Mit Kartoffelpüree auftragen.

Warme Foccacia mit Putenfleisch

Diese Riesensandwiches werden mit warmen Truthahnstreifen, getrockneten Tomaten, Basilikum und Rucola belegt. Die Tapenade aus zerstoßenen schwarzen Oliven ist ein vollendeter Geschmacksgeber.

1 EL Olivenöl
250 g Putenbrust, in dünne Streifen geschnitten
1 Zwiebel, fein geschnitten
2 Laibe Foccacia, in dicke Scheiben geschnitten
2 EL Tapenade aus schwarzen Oliven
100 g eingelegte getrocknete Tomaten, abgetropft und klein geschnitten
4 Tomaten, grob gehackt
1 Hand voll Basilikumblätter (nach Belieben)
Salz, Pfeffer

ZUM GARNIEREN
Rucolablätter

Öl in einer großen Pfanne erhitzen, Putenstreifen und Zwiebeln hineingeben und 5 Min. unter Rühren braten, bis beides Farbe angenommen hat.

Foccacia-Scheiben von beiden Seiten leicht toasten. Dünn mit Olivenpaste bestreichen und mit ein paar Tropfen der Tomatenmarinade beträufeln.

Frische und getrocknete Tomaten mit Basilikum, sofern es verwendet wird, zum Putenfleisch geben und mit Salz und Pfeffer würzen. 3 Min. garen, dann auf die getoasteten Brotscheiben verteilen und mit Rucolablättern belegen. Sofort servieren.

Knoblauchhuhn

Lassen Sie sich von der Knoblauchmenge in diesem Rezept, das auch als *Poulet sauté dauphinois* bekannt ist, keineswegs abschrecken. Das langsame Garen mildert das Aroma, und das Resultat ist ein wohlduftendes, ausnehmend zartes Fleisch.

2 EL Mehl
4 Hähnchenkeulen
2 EL Olivenöl
1 Zwiebel, gehackt
75 g Pancetta, gewürfelt
200 ml trockener Weißwein
300 ml Hühnerbrühe
1½ TL Dijon-Senf
20 Knoblauchzehen, geschält
1 Bund getrocknetes Suppengrün
Salz, Pfeffer

ZUM GARNIEREN
frische Kräuter: Petersilie, Rosmarin und Thymian

ALS BEILAGE
gekochte neue Kartoffeln

Mehl in einen Gefrierbeutel füllen und großzügig salzen und pfeffern. 2 Keulen hinzugeben und schütteln, bis das Fleisch mit der Panade bedeckt ist. Mit den zwei übrigen Keulen ebenso verfahren.

Die Hälfte des Öls in einer großen Pfanne erhitzen, 2 Hähnchenkeulen von beiden Seiten goldbraun braten. Fleisch in eine ofenfeste Steingutform legen. Das restliche Öl erhitzen und die anderen Hähnchenkeulen braten.

Zwiebeln und Pancetta in die Pfanne geben und leicht bräunen. Das restliche Mehl aus dem Gefrierbeutel einrühren. Weißwein, Brühe, Senf, Knoblauch und Suppengrün hinzufügen und aufkochen.

Mischung über das Fleisch verteilen und mit Deckel im vorgeheizten Ofen bei 180 °C (Gas Stufe 4) 1½ Std. schmoren, bis das Huhn zart ist. Auf Portionsteller geben, mit zerkleinerten frischen Kräutern garnieren und mit gekochten Kartoffeln auftragen.

Puten-Zucchini-Omelette

Dieses ursprünglich arabische Rezept, ähnlich einer italienischen Frittata oder einer spanischen Tortilla, kann in der Pfanne oder im Ofen zubereitet werden. Das Omelette wird warm oder kalt als Hauptmahlzeit mit Salat, Chutneys und warmem Brot serviert oder, in Streifen geschnitten, als Vorspeise.

1 EL Olivenöl

1 Zwiebel

200 g Putenbrust, gewürfelt

175 g Zucchini, längs halbiert und in Scheiben geschnitten

4 TL Minzeblätter, grob gehackt

6 Eier, verschlagen

Salz, Pfeffer

Als Beilage

Tomatensalat

Öl in einer Pfanne erhitzen, Zwiebeln hineingeben und 2–3 Min. braten. Putenwürfel hinzufügen und bei starker Hitze leicht goldbraun braten. Zucchini in die Pfanne geben und 1–2 Min. garen. Flache, feuerfeste Form mit etwas Olivenöl einfetten und Fleisch-Gemüse-Mischung hineinfüllen.

Minze unter die Eier mischen und mit Salz und Pfeffer würzen. Über das Fleisch geben und im vorgeheizten Ofen bei 180 °C (Gas Stufe 4) ca. 25 Min. garen, bis die Mischung fest und goldbraun ist. Vor dem Zerteilen kurz ruhen lassen und mit Tomatensalat servieren.

Wildbretwürste mit pikanter Bohnen-Gemüse-Sauce

Nach harter Arbeit kehren mit diesem Gericht geschwundene Kräfte bald zurück. Kernige Würste und grob zerteiltes Gemüse in pikanter Sauce sorgen auf schnellstem Weg für Stärkung. In Schüsseln auftragen und dazu warmes Brot reichen.

8 Wildbretwürste
1 EL Sonnenblumenöl
1 Zwiebel, gehackt
1 rote Paprika, entkernt und grob gewürfelt
1 Zucchini, grob gewürfelt
2 flache Pilze (wie Austernpilze od. Röhrlinge),
  klein geschnitten
1 Dose (400 g) rote Kidney-Bohnen, abgespült und abgetropft
1 Dose (400 g) gehackte Tomaten
1 TL gehackte rote Chili
1 TL Senf mit ganzen Körnern
2 TL brauner Zucker
Salz, Pfeffer

Als Beilage
Weißbrot

Würste unter vorgeheiztem, heißem Grill 10–12 Min. garen, bis sie braun sind. In der Zwischenzeit Öl in einer großen Pfanne erhitzen, die Zwiebeln hinzugeben und 3 Min. braten.

Paprika, Zucchini und Zwiebeln hinzufügen und 3 Min. garen. Die übrigen Zutaten in die Pfanne geben und unter Rühren zum Kochen bringen. Mit Deckel 5 Min. köcheln lassen, bis die Sauce eingedickt ist.

Bohnen und Gemüse in Schüsseln füllen und mit Würsten und Brot auftragen.

Desserts

Karamellisierte Klementinen mit Sternanis

Ein ideales Dessert für festliche Anlässe. Bei einer größeren Zahl von Gästen müssen nur entsprechend mehr Zutaten verwendet werden. Zur Verfeinerung des Sirups sind anstelle von Sternanis ein paar Zweige frischer Rosmarin oder einige Lorbeerblätter eine reizvolle Variante.

250 g Zucker
250 ml kaltes Wasser
6 EL kochendes Wasser
8 Klementinen, geschält
3 Sternanis, ganz
Sahne oder Crème fraîche

Zucker und kaltes Wasser in einen kleinen Topf füllen und ohne zu rühren langsam erhitzen, bis der Zucker sich ganz aufgelöst hat. Mehr Hitze zuführen und 10 Min. kochen lassen, bis der Sirup blassgolden ist.

Mischung keinesfalls umrühren, da der Zucker sonst hart wird; wenn nötig, schwenkt man den Topf ein wenig. Topf vom Herd nehmen und das kochende Wasser esslöffelweise hinzugeben. Dabei wegen möglicher Spritzer Abstand halten. Den Topf wiederum schwenken, damit der Topfinhalt sich vermischt und evtl. mehr Hitze zuführen.

Klementinen mit Sternanis in eine hitzebeständige Schüssel füllen, mit dem heißen Sirup übergießen und 3–4 Std. kalt stellen. Klementinen umrühren und evtl. umfüllen. Mit Sahne oder Crème fraîche servieren.

Schneller Sommerpudding mit Wodka

Kalt stellen über Nacht gehört mit diesem Rezept der Vergangenheit an. Der moderne Sommerpudding – nur für Erwachsene – wird aus übereinander geschichtetem Weißbrot und gefrorenen Beeren gemacht, dazu ein wenig Zucker und ein Schuss Wodka. Die Beeren lässt man in der Mikrowelle oder eine Stunde bei Zimmertemperatur auftauen.

375 g tiefgekühlte gemischte Beeren, aufgetaut
3 EL Wodka
40 g Zucker
8 Scheiben Toastbrot
Vanilleeis

Größeres Sieb auf eine Schüssel stellen und Beeren hineingeben. Abgetropfte Beeren in eine zweite Schüssel füllen und mit Wodka und Zucker vermengen.

Mit einer geriffelten Form Kreise von 7,5 cm aus den Brotscheiben ausstechen. 4 Scheiben von beiden Seiten in den Beerensaft tunken und in flache Gläser passender Größe legen.

Die Hälfte der Beeren über die Brotscheiben verteilen, die übrigen in den Saft getunkten Scheiben darüber schichten. Restliches Obst und Saft darüber geben und mit Vanilleeis servieren.

Panna cotta mit Honig und Nektarinen

Die beliebte italienische Nachspeise wird mit einer üppigen Mischung aus Crème double, Mascarpone und Wildblütenhonig zubereitet – ein köstlich-rahmiges Dessert.

3 EL Wasser
3 TL oder 1 Tütchen gemahlene Gelatine
300 ml Crème double
150 ml teilentrahmte Milch
4 EL streichfester Wildblütenhonig
125 g Mascarpone
2 Nektarinen, entkernt und in Scheiben geschnitten
125 g Himbeeren

Zum Garnieren
Minzeblätter

Wasser in eine kleine Schüssel füllen, Gelatine hineinstreuen und vollständig mit Wasser benetzen. 3–4 Min. quellen lassen. In der Zwischenzeit Crème double, Milch und Honig in einen Topf geben und sanft erhitzen, bis der Honig sich aufgelöst hat.

Creme nur kurz aufkochen und Topf vom Herd nehmen. Gelatine hineingeben und gelegentlich umrühren, bis die Klümpchen sich aufgelöst haben. Mascarpone mit einem Schneebesen unterheben.

Mischung in 4 200-ml-Formen füllen. Abkühlen lassen und 4–5 Std. kalt stellen, bis die Creme fest ist. Formen kurz in eine Schüssel mit heißem Wasser stellen und auf Teller stürzen; dazu nach ca. 10 Sek. evtl. mit einem Messer die Ränder lösen und die umgestürzten Formen auf dem Teller leicht hin- und herrütteln. Mit Minzeblättern garnieren und mit Himbeeren und Nektarinen servieren.

Erdbeer-Lavendel-Crush

Mit diesem hauchzarten Erdbeer-Meringen-Dessert, das sprichwörtlich im Handumdrehen zubereitet ist, fängt man Sommerstimmung ein. Wenn Sie keinen frischen Lavendel zur Hand haben, kaufen Sie im Gartencenter einen kleinen Topf oder verwenden Sie stattdessen ein paar getrocknete Blüten.

400 g Erdbeeren, entstielt
2 EL Puderzucker
4–5 Lavendelblüten, zusätzlich mehrere zum Verzieren
400 g griechischer Joghurt
4 kauffertige Meringen

4 Erdbeeren zum Verzieren beiseite legen. Die übrigen in einer Küchenmaschine oder mit Hilfe einer Gabel mit dem Puderzucker zerkleinern. 4–5 Lavendelblüten zwischen den Fingerspitzen über den Erdbeeren zerreiben.

Joghurt in eine Schüssel füllen, Meringen hineinkrümeln und leicht vermengen. Erdbeermischung dazugeben, mit einem Löffel durchrühren, bis man eine marmorierte Masse erhält. In Gläser füllen.

Mit Erdbeerhälften und Lavendelblüten verzieren. Leicht mit Puderzucker bestäuben und sofort auftragen.

Ingwer-Ananas-Parfait

Nach einem scharfen Curry- oder Chiligericht ist dieses cremige, mit Ananas, Ingwer und Limettenschale gesprenkelte Parfait der pure Genuss. Sie können es bereits am Vortag zubereiten, doch sollte es 10–15 Minuten auftauen, damit es sich leichter zerteilen lässt.

150 ml Schlagrahm
200 g süße Kondensmilch
abgeriebene Schale und Saft 1 Limette
2 EL kandierter Ingwer, gehackt
250 g Ananasstücke aus der Dose, abgetropft und fein gehackt
2 kauffertige Meringen, zerbröselt

Zum Verzieren
1 Kiwi, in Scheiben geschnitten

Schlagrahm halb steif schlagen. Kondensmilch, Limettenabrieb und -saft und Ingwer unterrühren. Ananas und Meringen dazugeben, umrühren und in eine mit Frischhaltefolie ausgelegte Auflaufform füllen (1,2 l). Oberfläche glatt streichen und 4–5 Std. ins Eisfach stellen, bis die Creme fest ist. Mit einem Messer die Ränder lösen und auf eine Platte stürzen. Folie abziehen, Parfait mit den Kiwischeiben belegen und vor dem Servieren in Scheiben schneiden.

Exotischer Obstsalat

Eine erfrischende Mischung aus Melone, Papaya und Mango, mit dekorativen Kiwischeiben belegt und mit Limettensirup getränkt – ideal nach einer asiatischen Hauptspeise. Bereiten Sie das Obst unmittelbar vor dem Servieren vor oder schneiden Sie es bereits vor dem Essen und stellen es bis nach dem Hauptgang kalt.

2 EL Zucker
4 EL kochendes Wasser
fein abgeriebene Schale und Saft 1 Limette
1 Galia-Melone, geschält, entkernt und klein geschnitten
1 Papaya, geschält, entkernt und klein geschnitten
2 Kiwis, geschält, halbiert und in Scheiben geschnitten
1 reife Mango, geschält, entkernt und gewürfelt
1 Granatapfel (nach Belieben)

Zucker mit kochendem Wasser in eine kleine Schüssel füllen und rühren, bis der Zucker sich aufgelöst hat. Limettenabrieb und -saft hinzufügen.

Das vorbereitete Obst in eine Glasschüssel geben und mit dem Sirup übergießen. Leicht vermengen. Granatapfel, sofern gewünscht, halbieren und die Kerne herauslösen. Über den Obstsalat streuen und bis zum Servieren kühl stellen.

Schokoladen-Espresso-Mousse

Für den üppigen Abschluss eines Mahls bietet sich diese sahnig-dunkle Mousse an, serviert in Kaffeetassen und mit Sahnehäubchen gekrönt. Ein wenig Kakao oder geriebene Schokolade darüber streuen.

1 EL gemahlener Espresso-Kaffee
100 ml kochendes Wasser
100 g Zartbitterschokolade, zerbröckelt
1 Stückchen Butter
1 Prise gemahlener Zimt
2 kleine Eier, getrennt
15 g Zucker
Schlagrahm

Espresso mit dem kochenden Wasser überbrühen. Schokolade mit Butter und Zimt im Wasserbad schmelzen.

Eigelb nacheinander unter die Schokolade rühren. Kaffee filtern und nach und nach in die Masse geben.

Hitze reduzieren. Eiweiß steif schlagen und Zucker einrieseln lassen. Einen großen Löffel voll unter die Menge rühren, damit sie locker wird. Den restlichen Eischnee mit einem großen Metalllöffel leicht unterheben.

Mousse in kleine Kaffeetassen füllen und 4 Std. kalt stellen, bis sie fest ist. Einen Löffel Schlagrahm darüber geben und mit Kakao oder geriebener Schokolade garnieren.

Brotpudding mit Schokolade

Brotpudding gehört in England zu den bei Jung und Alt gleichermaßen beliebten Nachspeisen. Zur Steigerung des Genusses beinhaltet diese Variante eine gehaltvolle Schokoladensauce und einen süßen Vanillepudding. Anstelle von Baguette kann man auch Rosinenbrot oder Croissants verwenden.

150 g Zartbitterschokolade, zerbröckelt
250 g Baguette, in dünne Scheiben geschnitten
50 g Butter mit Zimmertemperatur
3 Eier
50 g Zucker
1 TL Vanille-Essenz
1 große Prise gemahlener Zimt
450 ml Vollmilch
Sahne zum Begießen

Schokolade im Wasserbad schmelzen. Brot mit etwas Butter bestreichen und übrige Butter zur Schokolade geben.

Eingefettete, hitzebeständige Form (1,5 l) mit einer Schicht gebuttertem Brot auslegen. Schokolade umrühren und ein wenig davon über das Brot verteilen. Bis zum oberen Rand der Form abwechselnd Brot und Schokolade übereinander schichten.

Eier, Zucker, Vanille, Zimt und Milch verrühren und über das Brot gießen. Locker mit gebutterter Folie abdecken und 15 Minuten ruhen lassen. Im vorgeheizten Ofen bei 180 °C (Gas Stufe 4) 35 Min. backen, bis die Masse fest ist; während der letzten 5 Min. Folie abnehmen, so dass die Mischung an der Oberfläche bräunt. Mit leicht geschlagener Sahne servieren.

Sultaninen-Ingwer-Reispudding

Dieser fruchtig-würzige Reispudding gibt dem Milchreis-Klassiker aus Kindertagen eine gänzlich neue Note. Für die Erwachsenenvariante tränkt man die Sultaninen vor dem Kochen in ein oder zwei Esslöffel Grand Marnier oder Cointreau und verwendet anstelle der Zitronen- eine Orangenschale.

65 g Milchreis
2 EL Zucker
2 EL Sultaninen
1 EL kandierter Ingwer, klein gehackt
abgeriebene Schale ½ Zitrone
600 ml Vollmilch
25 g Butter
geriebene Muskatnuss

Reis, Zucker, Sultaninen, Ingwer und Zitronenabrieb in eine hitzebeständige Form (1,2 l) füllen. Mit kalter Milch übergießen und umrühren.

Butterflöckchen auf der Milch verteilen. Ein wenig Muskatnuss darüber reiben und im vorgeheizten Ofen bei 150 °C (Gas Stufe 2) 2 Std. garen, bis die Masse goldgelb-cremig und der Reis weich ist. Warm servieren.

Birnen-Rhabarber-Auflauf mit Marzipan

Die beliebten, mit Streuseln überbackenen Früchte werden mit diesem Rezept besonders aromatisch – und sind noch dazu schnell zubereitet. Die Teigmischung kann in größerer Menge vorbereitet und tiefgefroren werden und liegt so jederzeit bereit, wenn Sie plötzliche Lust darauf bekommen.

400 g geputzter Rhabarber, klein geschnitten
1 reife Birne, geschält, entkernt und klein geschnitten
100 g Zucker
125 g Mehl
50 g Butter, in Stücke geschnitten
125 g Marzipan, grob zerkrümelt
Mandelblättchen zum Bestreuen
Vanillesauce

Rhabarber und Birne mit der Hälfte des Zuckers in eine hitzebeständige Form (1,2 l) geben.

Restlichen Zucker mit Mehl und Butter in einer Küchenmaschine oder mit den Fingerspitzen zu Krümeln vermischen. Marzipan untermengen.

Über das Obst verteilen und mit Mandelblättchen bestreuen. Im vorgeheizten Ofen bei 180 °C (Gas Stufe 4) 35–40 Min. goldbraun backen. Wenn nötig, nach 15–20 Min. mit Alufolie abdecken. Sofort mit Vanillesauce auftragen.

Luftiges Beerenomelette

Dieses leicht-flockige Omelette entsteht binnen Minuten: Von der Pfanne wechselt es zum Bräunen der obersten Schicht unter den heißen Grill. Himbeermarmelade, Himbeeren und Blaubeeren sorgen für den fruchtigen Abschluss. Wenn frische Beeren gerade nicht erhältlich sind, lassen sich tiefgekühlte in wenigen Minuten in der Mikrowelle auftauen.

6 Eier, getrennt
2 TL Vanille-Essenz
4 EL Puderzucker
40 g Butter
4 EL Himbeermarmelade
100 g Himbeeren
100 g Blaubeeren
Sahne

Eiweiß in einer Schüssel steif schlagen. Eigelb, Vanille-Essenz und 1 EL Zucker in einer zweiten Schüssel mit dem Schneebesen vermengen. 1 Löffel Eiweiß unter die Eigelbmischung rühren, damit sie locker wird. Restliches Eiweiß mit einem großen Metalllöffel unterheben.

Die Hälfte der Butter in einer Pfanne (20 cm Ø) erhitzen. Die Hälfte der Eimischung hineingeben und 3–4 Min. garen, bis die Unterseite goldgelb ist. Omelette unter dem vorgeheizten Grill 1–2 Min. auf der Oberseite bräunen. Auf einen Teller gleiten lassen. Aus den übrigen Zutaten rasch ein zweites Omelette zubereiten.

Marmelade und Beeren über die Omelettes verteilen und diese zusammenklappen. Mit dem übrigen Puderzucker bestäuben, halbieren und sofort mit Sahne auftragen.

Gestreifte Beerenschaumcreme

Für eine Last-Minute-Bewirtung kommt dieses leichte und erfrischende Sommerdessert gerade recht. Anstelle von Erdbeeren eignet sich auch jede andere weiche Frucht, etwa Mangos oder Heidelbeeren.

300 ml Crème double
5 EL Zucker
abgeriebene Schale 1 Zitrone
150 ml trockener Cidre
200 g Erdbeeren, entstielt
200 g Himbeeren (aufgetaut, wenn tiefgekühlt)

Crème double in eine Schüssel geben. 3 EL Zucker und Zitronenabrieb hinzufügen und mit einem Quirl steif schlagen. Cidre nach und nach zugießen und Mischung beiseite stellen.

4 kleinere Erdbeeren zum Garnieren aussortieren. Die übrigen mit den Himbeeren und dem restlichen Zucker zerdrücken.

1/3 der Creme auf 4 Weingläser verteilen. Die Hälfte der Beerenmischung als dünne Schicht über die Creme geben. In dieser Weise weiter verfahren und mit einer Schicht Creme abschließen. Jedes Glas mit einer Erdbeere dekorieren und bis zum Servieren kalt stellen.

Blaubeer-Zitronen-Pancakes

Kleine amerikanische Pancakes passen nicht nur zum Wochenendbrunch, sondern sind auch ein köstliches Dessert. Wenn keine frischen Blaubeeren zu bekommen sind, kann man auch auf Sultaninen oder sogar Kirschen aus der Dose zurückgreifen.

125 g Mehl
abgeriebene Schale und Saft 1/2 Zitrone
1 gehäufter TL Backpulver
1 EL Zucker
1 Ei
150 ml teilentrahmte Milch
125 g Blaubeeren, zusätzlich einige zum Garnieren
Öl zum Backen

Zum Servieren
Ahornsirup, Eis

Mehl, Zitronenabrieb, Backpulver und Zucker in eine Schüssel geben. Ei und 1 EL Zitronensaft hinzufügen und mit dem Schneebesen nach und nach Milch unterrühren, bis ein dickflüssiger Teig entsteht. Blaubeeren dazugeben.

Eine gerillte oder andere große Pfanne erhitzen. Mit einem mit Öl benetzten Küchenpapier auswischen. Jeweils kleine Teigmengen in ausreichendem Abstand zueinander in die Pfanne geben und 2–3 Min. garen, bis sich an der Oberseite Blasen bilden und die Unterseite goldgelb ist.

Pancakes wenden und von der zweiten Seite goldgelb backen. In ein Küchentuch schlagen und warm stellen. Mit der restlichen Teigmenge ebenso verfahren. Pancakes auf 4 Teller verteilen. Ahornsirup darüber geben und mit den restlichen Blaubeeren garnieren. Dazu Eis servieren.

Apfelküchlein mit Brombeersauce

Delikate Apfelscheiben, in einen hauchdünnen, süßen Teig gehüllt und in schwimmendem Fett knusprig gebacken, dazu heiße Brombeeren – ein himmlischer Genuss! Wer will, macht mit ein paar großen Kugeln Vanilleeis die Sensation perfekt. Anstelle der Äpfel passen auch Bananen.

2 Eier
125 g Mehl
4 EL Zucker
150 ml Milch
Sonnenblumenöl zum Frittieren
4 Dessertäpfel, entkernt und in dicke Scheiben geschnitten
150 g tiefgekühlte Brombeeren
2 EL Wasser
Puderzucker zum Bestäuben

1 Ei trennen. Eiweiß in einer Schüssel steif schlagen. Eigelb und übriges Ei in einer anderen Schüssel mit Mehl und der Hälfte des Zuckers glatt rühren. Nach und nach Milch zugeben. Eiweiß unterheben.

Topf zu einem Drittel mit Öl füllen. Auf 190 °C erhitzen (probeweise 1 Tropfen Teig hineingeben, der sich sofort zusammenziehen muss). Ein paar Apfelscheiben im Teig wenden. Je 1 Scheibe vorsichtig in das Öl gleiten lassen und 2–3 Min. gleichmäßig goldgelb backen. Mit einem Schöpflöffel herausnehmen und auf Küchenpapier abtropfen lassen.

In der Zwischenzeit Brombeeren, den restlichen Zucker und das Wasser in einen kleinen Topf geben und 2–3 Min. erhitzen. Äpfelküchlein auf Teller legen, Brombeersauce ringsum verteilen und mit gesiebtem Puderzucker bestäuben.

Gebackene Pfirsiche mit Himbeeren und Amaretti

Ein schnelles und doch unwiderstehliches Dessert, das zu jedem Anlass passt. Amaretto unterstreicht das zarte Mandelaroma, doch ebenso gut kann man Grand Marnier, Cointreau oder einen Sherry verwenden.

4 reife Pfirsiche oder Nektarinen, halbiert und entsteint
40 g Amaretti-Kekse, zerbröselt
150 g frische oder tiefgekühlte Himbeeren
2 EL Himbeermarmelade
2 EL Amaretto-Likör
2 EL Wasser

ZUM SERVIEREN
Vanilleeis

Pfirsiche oder Nektarinen mit der Innenseite nach oben in eine ofenfeste Form geben. Biskuitbrösel in einer Schüssel mit ein paar Himbeeren, Himbeermarmelade und Likör vermengen.

Biskuit-Mischung in die Obsthälften geben und die restlichen Himbeeren ringsum verteilen. Wasser dazugeben und im vorgeheizten Ofen bei 180 °C (Gas Stufe 4) 15 Min. erhitzen. Mit Vanilleeis servieren.

Kirschen-Zimt-Zabaglione

Ein italienischer Klassiker, hier mit Sherry und einem Hauch Zimt über Wasserdampf zu einer schaumigen Creme aufgeschlagen und wunderbar ergänzt durch warme Kirschen – ein Dessert, das man auch für unerwartete Gäste hervorzaubern kann.

4 Eigelb
125 g Zucker
150 ml Cream Sherry
1 große Prise gemahlener Zimt
425 g (1 Dose) gezuckerte Sauerkirschen
2 Amaretti-Biskuits, zerbröselt

Einen mittelgroßen Topf 5 cm hoch mit Wasser füllen. Zum Kochen bringen und eine große Metallschüssel auf den Topf setzen (das Wasser darf nicht an den Boden der Schüssel heranreichen). Hitze reduzieren, bis das Wasser siedet. Mit dem Schneebesen Eigelb, Zucker, Sherry und Zimt 5–8 Min. in der Schüssel verrühren, bis eine dickflüssige, schaumige Masse entsteht und vom Schneebesen abtropfende Creme darin eine Spur hinterlässt.

Kirschen mit ein wenig Saft in einem kleinen Topf erhitzen. In 4 Gläser füllen. Die warme Zabaglione darüber geben und mit Amaretti-Bröseln verzieren. Sofort servieren.

Zitronencreme mit glasierten Trauben

Ein üppiger Zitronenpudding und ein wunderbar einfaches Dessert zugleich, das in hübschen Glasschüsseln auch optisch etwas hermacht. Köstlich dazu die in Zucker gehüllten, glasierten Trauben. Je nach Saison sind auch Erdbeerscheiben oder ein Kompott aus gemischten Sommerbeeren eine Variante.

300 ml Crème double
75 g Zucker
abgeriebene Schale ½ Zitrone
4 EL Zitronensaft

Glasierte Trauben
1 Eiweiß
25 g Zucker
150 g kernlose weiße Trauben

Crème double mit Zucker und Zitronenabrieb in einem kleinen Topf sanft erhitzen, bis sich der Zucker aufgelöst hat. Bei mittlerer Hitze 2–3 Min. köcheln lassen, bis die Creme am Rand Blasen wirft. Vom Herd nehmen Zitronensaft unterrühren und in 4 kleine Glasschüsseln füllen.

Eiweiß in einer Schüssel leicht schaumig schlagen. Zucker in eine zweite Schüssel füllen. Jeweils 3–4 Trauben am Strunk zunächst in das Eiweiß und dann in den Zucker tauchen und auf einen Teller legen. Zitronencreme und Trauben 4 Std. kalt stellen, bis die Creme fest ist. Vor dem Servieren mit den Trauben verzieren.

Stachelbeercreme mit Holunderblütensirup

Eine leichte, aromatische Creme mit einem Hauch Holunderblüten für einen genussvollen Abschluss. Und das in jeder Hinsicht, denn das Dessert kann im Voraus zubereitet werden und bleibt bis zum Servieren im Kühlschrank. Holunderblütensirup ist in Reformhäusern erhältlich. Bekommt man ihn nicht, nimmt man einfach Holundersaft.

500 g tiefgekühlte Stachelbeeren
3 EL unverdünnter Holunderblütensirup
100 g Zucker
125 g Mascarpone
150 g kauffertige Vanillesauce
Kekse

Ein paar Stachelbeeren zum Verzieren beiseite legen. Die übrigen mit Sirup und Zucker im Topf ohne Deckel 5 Min. erhitzen, bis sie weich sind. In einer Küchenmaschine oder mit einem Pürierstab zerkleinern.

Mascarpone und Vanillesauce dazugeben und kurz vermengen. Mischung evtl. durchsieben und in kleine Schüsseln füllen.

Mehrere Stunden kalt stellen. Mit ein paar aufgetauten, in Zucker gerollten Stachelbeeren verzieren. Dazu knusprige Kekse reichen.

Preiselbeer-Orangen-Küchlein

Köstlich leicht und flockig sind diese würzigen Orangenküchlein mit Preiselbeeren in Vanillesauce – ein erstaunlich leichtes Winterdessert. Vorbereitet werden sie, kurz bevor man zum Hauptgang Platz nimmt. Dann sind Sie genau rechtzeitig servierbereit.

fein abgeriebene Schale und Saft 1 Orange
150 g tiefgekühlte Preiselbeeren
100 g Zucker
2 EL Himbeermarmelade
100 g weiche Butter
100 g Mehl
½ TL Backpulver
2 Eier

ZUM SERVIEREN
Vanillesauce

Orangensaft mit den gefrorenen Preiselbeeren und 1 EL Zucker in einen Topf geben und 5 Min. sanft erhitzen, bis die Preiselbeeren gerade weich sind. Die Hälfte der Beeren herausheben, abtropfen lassen und in Souffléförmchen (200 ml) füllen.

Himbeermarmelade zu den übrigen Preiselbeeren geben und 1 Min. erhitzen. Beiseite stellen.

Restlichen Zucker, Butter, Mehl, Eier und Orangenabrieb in einer Schüssel oder Küchenmaschine zu einer glatten Masse verrühren. Mischung in die Förmchen füllen und glatt streichen. Mit Alufolie locker abdecken.

Im Dämpfer oder im vorgeheizten Ofen bei 180 °C (Gas Stufe 4) 25 Min. garen, bis der Teig aufgegangen ist. Ränder mit einem stumpfen Messer lösen und Küchlein auf Dessertteller stürzen. Restliche Preiselbeeren darüber löffeln und mit Vanillesauce servieren.

Quarkhäppchen mit Erdbeercoulis

Verwandeln Sie gekaufte Florentiner mit einer Bananen-Quark-Mischung und einer Erdbeercoulis in ein ausgefallenes Dessert. Anstelle von Florentinern können Sie auch Butterkekse oder andere flache Biskuits verwenden.

1 reife Banane, zerdrückt
125 g Sahnequark
1 EL klarer Honig
8 Florentiner
250 g Erdbeeren

Zum Verzieren
Minzeblätter

Banane in einer Schüssel mit Quark und Honig vermengen. Mischung jeweils auf einen Keks geben und mit einem zweiten abdecken.

Erdbeeren in einer Küchenmaschine oder mit einem Pürierstab zerkleinern. Obst durch ein Sieb streichen und Kerne entfernen.

Gefüllte Kekse auf Dessertteller legen und Erdbeercoulis rundherum verteilen. Mit Minzeblättern verzieren und sofort servieren.

Orangen-Schweinsöhrchen mit Zwetschgenkompott

Dieses knusprige, delikate Gebäck sieht sehr professionell aus und ist mit fertigem Blätterteig dennoch im Handumdrehen zubereitet: Ausrollen, mit Zucker und abgeriebener Orangenschale bestreuen, zusammenrollen und in Scheiben schneiden. Je zwei Schweinsöhrchen werden mit warmem Zwetschgenkompott bestrichen und zusammengesetzt. Entsprechend der Jahreszeit schmecken auch Rhabarber, Reineclauden oder Himbeeren als Kompott.

1 tiefgekühlter Blätterteig, ausgerollt ca. 25 x 25 cm
1 Ei, verschlagen, zum Bestreichen
3 EL heller Rohrzucker
fein abgeriebene Schale ½ Orange
6 EL Orangensaft
50 g Kristallzucker
400 g Zwetschgen, entsteint und klein geschnitten

Zum Verzieren
Puderzucker

Zum Servieren
Crème fraîche

Blätterteig mit verschlagenem Ei bestreichen. Rohrzucker und Orangenabrieb darüber streuen. Teig von beiden Längsseiten bis zur Mitte aufrollen, bis die Rollen aneinander stoßen.

Nochmals mit Ei bestreichen und in 8 dicke Stücke schneiden.

Mit der Schnittfläche nach oben auf ein leicht gefettetes Backblech legen. Im vorgeheizten Ofen bei 200 °C (Gas Stufe 6) 10 Min. goldgelb backen.

In der Zwischenzeit Orangensaft und Kristallzucker mit den Zwetschgen 5 Min. in einem Topf ohne Deckel erhitzen.

Je 2 Schweinsöhrchen mit Zwetschgenkompott zusammensetzen, mit gesiebtem Puderzucker bestäuben und mit Crème fraîche servieren.

Mini-Pfirsichstrudel

Filo-Blätterteig oder fertiger Strudelteig eignen sich hervorragend für einen einfachen, schnell zubereiteten Strudel. Teigblätter entfalten, mit Butter bestreichen und die aromatische Pfirsich-Mandel-Mischung hineingeben. Köstlich schmecken die Ministrudel direkt aus dem Ofen mit Eis oder Sahne.

3 reife Pfirsiche, entsteint und klein geschnitten

2 EL Zucker

2 EL geriebene Mandeln

½ TL gemahlener Zimt

2 EL Sultaninen

6 Filo-Teigblätter, je ca. 30 x 18 cm

40 g Butter, zerlassen

ZUM VERZIEREN

Puderzucker

ZUM SERVIEREN

Schlagsahne oder Eis

Pfirsiche mit Zucker, geriebenen Mandeln, Zimt und Sultaninen in einer Schüssel vermengen. Ein Teigblatt quer auf die Arbeitsfläche legen und mit etwas geschmolzener Butter bestreichen. Ein Viertel der Pfirsichmischung so verteilen, dass zu allen Seiten ein Rand von 5 cm stehen bleibt.

Die kurzen Seiten des Teigblattes über die Füllung schlagen. Eine lange Seite darüber schlagen und aufrollen, so dass die Füllung komplett umschlossen ist. Strudel auf ein Backblech legen und 3 weitere Ministrudel zubereiten.

Die übrigen Teigblätter halbieren. Ministrudel rundum mit zerlassener Butter bestreichen und in die restlichen Teigblätterhälften einrollen. Im vorgeheizten Ofen bei 180 °C (Gas Stufe 4) 10–13 Min. goldbraun backen. Mit etwas Puderzucker bestäuben und warm mit Schlagsahne oder Eis servieren.

Register

Redaktion Nicky Hill
Herausgeber Rachel Lawrence
Layout Geoff Fennell
Designer Janis Utton
Herstellung Manjit Sihra, Heike Heckl
Fotos William Lingwood
Food Styling Tonia George, Sara Lewis
Requisiten Angela Swaffield